《司法鉴定程序通则》
释 义

司法部公共法律服务管理局◎组编

中国政法大学出版社

2020·北京

图书在版编目（ＣＩＰ）数据

《司法鉴定程序通则》释义/司法部公共法律服务管理局组编. —北京：
中国政法大学出版社，2020.9（2025.3重印）
　ISBN 978-7-5620-9644-3

　Ⅰ.①司…　Ⅱ.①司…　Ⅲ.①司法鉴定－法律解释－中国　Ⅳ.①D926

中国版本图书馆CIP数据核字(2020)第170357号

出　版　者　　中国政法大学出版社

地　　　址　　北京市海淀区西土城路 25 号

邮寄地址　　　北京 100088 信箱 8034 分箱　邮编 100088

网　　　址　　http://www.cuplpress.com (网络实名：中国政法大学出版社)

电　　　话　　010-58908289(编辑部) 58908334(邮购部)

承　　　印　　固安华明印业有限公司

开　　　本　　880mm×1230mm　1/32

印　　　张　　9

字　　　数　　205 千字

版　　　次　　2020 年 9 月第 1 版

印　　　次　　2025 年 3 月第 7 次印刷

定　　　价　　45.00 元

序 言
PREFACE

　　司法鉴定是指在诉讼活动中鉴定人运用科学技术或者专门知识对诉讼涉及的专门性问题进行鉴别和判断，并提出鉴定意见的活动。2005年2月颁布的《全国人民代表大会常务委员会关于司法鉴定管理问题的决定》（以下简称《决定》），确立了司法鉴定在我国司法制度中的重要地位。

　　《决定》颁布实施以来，全国各级司法行政机关不断完善司法鉴定管理制度体系，加强司法鉴定监督管理，规范执业活动，提高鉴定质量，推动了司法鉴定行业的快速健康发展，司法鉴定制度在保障司法公正、维护人民群众合法权益、促进社会和谐稳定方面发挥了重要作用。司法部先后制定了《司法鉴定机构登记管理办法》《司法鉴定人登记管理办法》《司法鉴定程序通则》《司法鉴定执业活动投诉处理办法》等4部规章，其中，《司法鉴定程序通则》于2007年7月18日经司法部部务会议审议通过，以司法部第107号令颁发，自2007年10月1日起施行。

　　为贯彻落实党的十八届四中全会关于健全统一司法鉴定管

理体制的部署要求，落实修改后的诉讼法律对鉴定程序的新规定，解决司法鉴定工作实践中的突出问题，司法部组织开展了《司法鉴定程序通则》的修订工作。2015 年 12 月 24 日，司法部部务会议通过了修订后的《司法鉴定程序通则》，于 2016 年 3 月 2 日以第 132 号司法部令予以颁发，自 2016 年 5 月 1 日起施行。修订后的《司法鉴定程序通则》围绕提高司法鉴定质量和公信力，进一步优化司法鉴定程序，健全司法鉴定防错纠错机制，完善司法鉴定文书规范，规范鉴定机构与诉讼当事人之间的关系，规范鉴定人出庭作证，对进一步规范司法鉴定机构和司法鉴定人的司法鉴定活动，保障司法鉴定活动合法、公正，保障诉讼活动顺利进行，具有重要意义。

《司法鉴定程序通则》2007 年制定颁布后，原司法部司法鉴定管理局编写出版了《〈司法鉴定程序通则〉导读》一书，对于司法鉴定从业者准确理解把握《司法鉴定程序通则》要求发挥了重要作用。2016 年《司法鉴定程序通则》修订后，《〈司法鉴定程序通则〉导读》在指导司法鉴定实践活动方面仍然具有重要价值。2017 年以来，司法部和全国司法行政机关认真贯彻落实《关于健全统一司法鉴定管理体制的实施意见》，适应以审判为中心的诉讼制度改革，深入推进司法鉴定管理体制改革，不断强化监督管理、严格执业责任，无论是司法行政机关管理人员还是司法鉴定人、司法鉴定机构管理人员，都更加迫切要求进一步学习掌握司法鉴定活动的基本管理规定，特别是要求准确理解把握《司法鉴定程序通则》的基本规定和要求。同时，考虑到《〈司法鉴定程序通则〉导读》一书当年印刷数量有限，现在已经很难有渠道获得。在这种背景下，为满足广大司法鉴定工作者需求，司法部公共法律服务管理局组织人员撰写了本书。本书第一部分为司法鉴定程序通则文本，第二部分对通则进行逐条释义，第三部分附录收录了近年来新修订的司法鉴定相关法律、司法解释等，都是司法鉴定管理人员、司法鉴定人应当了解、熟悉的重要规定。

编　者

2020 年 6 月

目　录
ONTENTS

第一部分
《司法鉴定程序通则》(全文)

司法鉴定程序通则

中华人民共和国司法部令

第 132 号

《司法鉴定程序通则》已经 2015 年 12 月 24 日司法部部务会议修订通过，现将修订后的《司法鉴定程序通则》发布，自 2016 年 5 月 1 日起施行。

2016 年 3 月 2 日

第一章　总　　则

第一条　为了规范司法鉴定机构和司法鉴定人的司法鉴定活动，保障司法鉴定质量，保障诉讼活动的顺利进行，根据《全国人民代表大会常务委员会关于司法鉴定管理问题的决定》和有关法律、法规的规定，制定本通则。

第二条　司法鉴定是指在诉讼活动中鉴定人运用科学技术或者专门知识对诉讼涉及的专门性问题进行鉴别和判断并提供鉴定意见的活动。司法鉴定程序是指司法鉴定机构和司法鉴定人进行司法鉴定活动的方式、步骤以及相关规则的总称。

第三条　本通则适用于司法鉴定机构和司法鉴定人从事各类司法鉴定业务的活动。

第四条　司法鉴定机构和司法鉴定人进行司法鉴定活动，应当遵守法律、法规、规章，遵守职业道德和执业纪律，尊重科学，遵守技术操作规范。

第五条　司法鉴定实行鉴定人负责制度。司法鉴定人应当依法独立、客观、公正地进行鉴定，并对自己作出的鉴定意见负责。司法鉴定人不得违反规定会见诉讼当事人及其委托的人。

第六条　司法鉴定机构和司法鉴定人应当保守在执业活动中知悉的国家秘密、商业秘密，不得泄露个人隐私。

第七条　司法鉴定人在执业活动中应当依照有关诉讼法律和本通则规定实行回避。

第八条　司法鉴定收费执行国家有关规定。

第九条　司法鉴定机构和司法鉴定人进行司法鉴定活动应当依法接受监督。对于有违反有关法律、法规、规章规定行为的，由司法行政机关依法给予相应的行政处罚；对于有违反司法鉴定行业规范行为的，由司法鉴定协会给予相应的行业处分。

第十条　司法鉴定机构应当加强对司法鉴定人执业活动的管理和监督。司法鉴定人违反本通则规定的，司法鉴定机构应当予以纠正。

第二章　司法鉴定的委托与受理

第十一条　司法鉴定机构应当统一受理办案机关的司法鉴定委托。

第十二条　委托人委托鉴定的，应当向司法鉴定机构提供真实、完整、充分的鉴定材料，并对鉴定材料的真实性、合法性负责。司法鉴定机构应当核对并记录鉴定材料的名称、种类、数量、性状、保存状况、收到时间等。

诉讼当事人对鉴定材料有异议的，应当向委托人提出。

本通则所称鉴定材料包括生物检材和非生物检材、比对样本材料以及其他与鉴定事项有关的鉴定资料。

第十三条　司法鉴定机构应当自收到委托之日起七个工作日内作出是否受理的决定。对于复杂、疑难或者特殊鉴定事项的委托，司法鉴定机构可以与委托人协商决定受理的时间。

第十四条　司法鉴定机构应当对委托鉴定事项、鉴定材料等进行审查。对属于本机构司法鉴定业务范围，鉴定用途合法，提供的鉴定材料能够满足鉴定需要的，应当受理。

对于鉴定材料不完整、不充分，不能满足鉴定需要的，司法鉴定机构可以要求委托人补充；经补充后能够满足鉴定需要的，应当受理。

第十五条　具有下列情形之一的鉴定委托，司法鉴定机构不得受理：

（一）委托鉴定事项超出本机构司法鉴定业务范围的；

（二）发现鉴定材料不真实、不完整、不充分或者取得方式不合法的；

（三）鉴定用途不合法或者违背社会公德的；

（四）鉴定要求不符合司法鉴定执业规则或者相关鉴定技术规范的；

（五）鉴定要求超出本机构技术条件或者鉴定能力的；

（六）委托人就同一鉴定事项同时委托其他司法鉴定机构

进行鉴定的；

（七）其他不符合法律、法规、规章规定的情形。

第十六条 司法鉴定机构决定受理鉴定委托的，应当与委托人签订司法鉴定委托书。司法鉴定委托书应当载明委托人名称、司法鉴定机构名称、委托鉴定事项、是否属于重新鉴定、鉴定用途、与鉴定有关的基本案情、鉴定材料的提供和退还、鉴定风险，以及双方商定的鉴定时限、鉴定费用及收取方式、双方权利义务等其他需要载明的事项。

第十七条 司法鉴定机构决定不予受理鉴定委托的，应当向委托人说明理由，退还鉴定材料。

第三章　司法鉴定的实施

第十八条 司法鉴定机构受理鉴定委托后，应当指定本机构具有该鉴定事项执业资格的司法鉴定人进行鉴定。

委托人有特殊要求的，经双方协商一致，也可以从本机构中选择符合条件的司法鉴定人进行鉴定。

委托人不得要求或者暗示司法鉴定机构、司法鉴定人按其意图或者特定目的提供鉴定意见。

第十九条 司法鉴定机构对同一鉴定事项，应当指定或者选择二名司法鉴定人进行鉴定；对复杂、疑难或者特殊鉴定事项，可以指定或者选择多名司法鉴定人进行鉴定。

第二十条 司法鉴定人本人或者其近亲属与诉讼当事人、鉴定事项涉及的案件有利害关系，可能影响其独立、客观、公正进行鉴定的，应当回避。

司法鉴定人曾经参加过同一鉴定事项鉴定的，或者曾经作为专家提供过咨询意见的，或者曾被聘请为有专门知识的人参与过同一鉴定事项法庭质证的，应当回避。

第二十一条 司法鉴定人自行提出回避的，由其所属的司法鉴定机构决定；委托人要求司法鉴定人回避的，应当向该司法鉴定人所属的司法鉴定机构提出，由司法鉴定机构决定。

委托人对司法鉴定机构作出的司法鉴定人是否回避的决定有异议的，可以撤销鉴定委托。

第二十二条 司法鉴定机构应当建立鉴定材料管理制度，严格监控鉴定材料的接收、保管、使用和退还。

司法鉴定机构和司法鉴定人在鉴定过程中应当严格依照技术规范保管和使用鉴定材料，因严重不负责任造成鉴定材料损毁、遗失的，应当依法承担责任。

第二十三条 司法鉴定人进行鉴定，应当依下列顺序遵守和采用该专业领域的技术标准、技术规范和技术方法：

（一）国家标准；

（二）行业标准和技术规范；

（三）该专业领域多数专家认可的技术方法。

第二十四条 司法鉴定人有权了解进行鉴定所需要的案件材料，可以查阅、复制相关资料，必要时可以询问诉讼当事人、证人。

经委托人同意，司法鉴定机构可以派员到现场提取鉴定材料。现场提取鉴定材料应当由不少于二名司法鉴定机构的工作人员进行，其中至少一名应为该鉴定事项的司法鉴定人。现场提取鉴定材料时，应当有委托人指派或者委托的人员在场见证并在提取记录上签名。

第二十五条 鉴定过程中，需要对无民事行为能力人或者限制民事行为能力人进行身体检查的，应当通知其监护人或者近亲属到场见证；必要时，可以通知委托人到场见证。

对被鉴定人进行法医精神病鉴定的，应当通知委托人或者被鉴定人的近亲属或者监护人到场见证。

对需要进行尸体解剖的，应当通知委托人或者死者的近亲属或者监护人到场见证。

到场见证人员应当在鉴定记录上签名。见证人员未到场的，司法鉴定人不得开展相关鉴定活动，延误时间不计入鉴定时限。

第二十六条 鉴定过程中，需要对被鉴定人身体进行法医临床检查的，应当采取必要措施保护其隐私。

第二十七条 司法鉴定人应当对鉴定过程进行实时记录并签名。记录可以采取笔记、录音、录像、拍照等方式。记录应当载明主要的鉴定方法和过程，检查、检验、检测结果，以及仪器设备使用情况等。记录的内容应当真实、客观、准确、完整、清晰，记录的文本资料、音像资料等应当存入鉴定档案。

第二十八条 司法鉴定机构应当自司法鉴定委托书生效之日起三十个工作日内完成鉴定。

鉴定事项涉及复杂、疑难、特殊技术问题或者鉴定过程需要较长时间的，经本机构负责人批准，完成鉴定的时限可以延长，延长时限一般不得超过三十个工作日。鉴定时限延长的，应当及时告知委托人。

司法鉴定机构与委托人对鉴定时限另有约定的，从其约定。

在鉴定过程中补充或者重新提取鉴定材料所需的时间，不计入鉴定时限。

第二十九条 司法鉴定机构在鉴定过程中，有下列情形之一的，可以终止鉴定：

（一）发现有本通则第十五条第二项至第七项规定情形的；

（二）鉴定材料发生耗损，委托人不能补充提供的；

（三）委托人拒不履行司法鉴定委托书规定的义务、被鉴定人拒不配合或者鉴定活动受到严重干扰，致使鉴定无法继续进行的；

（四）委托人主动撤销鉴定委托，或者委托人、诉讼当事人拒绝支付鉴定费用的；

（五）因不可抗力致使鉴定无法继续进行的；

（六）其他需要终止鉴定的情形。

终止鉴定的，司法鉴定机构应当书面通知委托人，说明理由并退还鉴定材料。

第三十条 有下列情形之一的，司法鉴定机构可以根据委托人的要求进行补充鉴定：

（一）原委托鉴定事项有遗漏的；

（二）委托人就原委托鉴定事项提供新的鉴定材料的；

（三）其他需要补充鉴定的情形。

补充鉴定是原委托鉴定的组成部分，应当由原司法鉴定人进行。

第三十一条 有下列情形之一的，司法鉴定机构可以接受办案机关委托进行重新鉴定：

（一）原司法鉴定人不具有从事委托鉴定事项执业资格的；

（二）原司法鉴定机构超出登记的业务范围组织鉴定的；

（三）原司法鉴定人应当回避没有回避的；

（四）办案机关认为需要重新鉴定的；

（五）法律规定的其他情形。

第三十二条 重新鉴定应当委托原司法鉴定机构以外的其他司法鉴定机构进行；因特殊原因，委托人也可以委托原司法鉴定机构进行，但原司法鉴定机构应当指定原司法鉴定人以外的其他符合条件的司法鉴定人进行。

接受重新鉴定委托的司法鉴定机构的资质条件应当不低于原司法鉴定机构，进行重新鉴定的司法鉴定人中应当至少有一名具有相关专业高级专业技术职称。

第三十三条 鉴定过程中，涉及复杂、疑难、特殊技术问题的，可以向本机构以外的相关专业领域的专家进行咨询，但最终的鉴定意见应当由本机构的司法鉴定人出具。

专家提供咨询意见应当签名，并存入鉴定档案。

第三十四条 对于涉及重大案件或者特别复杂、疑难、特殊技术问题或者多个鉴定类别的鉴定事项，办案机关可以委托司法鉴定行业协会组织协调多个司法鉴定机构进行鉴定。

第三十五条 司法鉴定人完成鉴定后，司法鉴定机构应当指定具有相应资质的人员对鉴定程序和鉴定意见进行复核；对于涉及复杂、疑难、特殊技术问题或者重新鉴定的鉴定事项，可以组织三名以上的专家进行复核。

复核人员完成复核后，应当提出复核意见并签名，存入鉴定档案。

第四章　司法鉴定意见书的出具

第三十六条 司法鉴定机构和司法鉴定人应当按照统一规定的文本格式制作司法鉴定意见书。

第三十七条 司法鉴定意见书应当由司法鉴定人签名。多人参加的鉴定，对鉴定意见有不同意见的，应当注明。

第三十八条 司法鉴定意见书应当加盖司法鉴定机构的司法鉴定专用章。

第三十九条 司法鉴定意见书应当一式四份，三份交委托人收执，一份由司法鉴定机构存档。司法鉴定机构应当按照有关规定或者与委托人约定的方式，向委托人发送司法鉴定意见书。

第四十条 委托人对鉴定过程、鉴定意见提出询问的，司法鉴定机构和司法鉴定人应当给予解释或者说明。

第四十一条 司法鉴定意见书出具后，发现有下列情形之一的，司法鉴定机构可以进行补正：

（一）图像、谱图、表格不清晰的；

（二）签名、盖章或者编号不符合制作要求的；

（三）文字表达有瑕疵或者错别字，但不影响司法鉴定意见的。

补正应当在原司法鉴定意见书上进行，由至少一名司法鉴定人在补正处签名。必要时，可以出具补正书。

对司法鉴定意见书进行补正，不得改变司法鉴定意见的原意。

第四十二条 司法鉴定机构应当按照规定将司法鉴定意见书以及有关资料整理立卷、归档保管。

第五章 司法鉴定人出庭作证

第四十三条 经人民法院依法通知，司法鉴定人应当出庭作证，回答与鉴定事项有关的问题。

第四十四条　司法鉴定机构接到出庭通知后，应当及时与人民法院确认司法鉴定人出庭的时间、地点、人数、费用、要求等。

第四十五条　司法鉴定机构应当支持司法鉴定人出庭作证，为司法鉴定人依法出庭提供必要条件。

第四十六条　司法鉴定人出庭作证，应当举止文明，遵守法庭纪律。

第六章　附　则

第四十七条　本通则是司法鉴定机构和司法鉴定人进行司法鉴定活动应当遵守和采用的一般程序规则，不同专业领域对鉴定程序有特殊要求的，可以依据本通则制定鉴定程序细则。

第四十八条　本通则所称办案机关，是指办理诉讼案件的侦查机关、审查起诉机关和审判机关。

第四十九条　在诉讼活动之外，司法鉴定机构和司法鉴定人依法开展相关鉴定业务的，参照本通则规定执行。

第五十条　本通则自 2016 年 5 月 1 日起施行。司法部 2007 年 8 月 7 日发布的《司法鉴定程序通则》（司法部第 107 号令）同时废止。

第二部分

《司法鉴定程序通则》释义文本

第一章
总　则

本章共 10 条，规定了司法鉴定机构和司法鉴定人开展鉴定活动的总要求和应当遵循的原则。本章明确了通则的制定目的和根据、司法鉴定和司法鉴定程序的概念、通则的适用范围、鉴定人负责制，以及保密、回避、收费、监督管理等内容。

> **第一条**　为了规范司法鉴定机构和司法鉴定人的司法鉴定活动，保障司法鉴定质量，保障诉讼活动的顺利进行，根据《全国人民代表大会常务委员会关于司法鉴定管理问题的决定》和有关法律、法规的规定，制定本通则。

>>>【释义】 本条是关于司法鉴定程序通则的制定目的和根据的规定。

在诉讼活动中，司法鉴定是查明案件事实的一种重要方法和手段。随着社会的发展和科学技术的不断进步，刑事以及民商事案件越来越复杂，经常涉及一些超出普通办案人员认知范围的专门知识，对诉讼涉及的专门性问题进行鉴定日益成为办案实践中的普遍现象，司法鉴定在诉讼中的作用也越来越重要。高质量的、具有良好证明力和证据能力的司法鉴定意见，对于拓展办案人员对案件事实的认知，正确认定案件事实，正确适用法律，确保司法公正、提高司法效率，保障诉讼活动顺利进行，具有重要意义。司法行政机关作为司法鉴定登记管理的主管部门，其开展司法鉴定管理活动的核心目标之一就是保障司法鉴定的质量。影响司法鉴定质量的因素有很多，其中，司法鉴定机构和司法鉴定人的司法鉴定执业活动是否中立、科学、规范，对鉴定质量常常具有重要的、决定性的影响。通过制定司法鉴定程序通则，对司法鉴定机构和司法鉴定人的执业活动作出规范化要求，对鉴定活动各个环节作出关于质量和效率的规定，使司法鉴定机构和司法鉴定人所实施的鉴定活动不仅满足于发现事实真相，而且使发现事实真相的活动受到规范，具备正当性、人道性和公正性，确保鉴定意见客观、科学、准确，确保鉴定意见的产生过程符合法律规定和程序要求。

司法鉴定程序通则主要根据《全国人民代表大会常务委员会关于司法鉴定管理问题的决定》制定。2005 年 2 月 28 日，第十届全国人大常委会第十四次会议通过了《全国人民代表大会常务委员会关于司法鉴定管理问题的决定》，对从事司法鉴定业务的鉴定人和鉴定机构应当具备的条件、鉴定人和鉴定机构的登记管理、鉴定人和鉴定机构的权利、义务以及法律责任等作出专门规定，是关于司法鉴定管理工作的一部专门的法律性文件。2015 年 4 月 24 日，第十二届全国人大常委会第十四次会议通过了《关于修改〈中华人民共和国义务教育法〉等五部法律的决定》，对《全国人民代表大会常务委员会关于司法鉴定管理问题的决定》作出修改，将第 15 条修改为："司法鉴定的收费标准由省、自治区、直辖市人民政府价格主管部门会同同级司法行政部门制定。"

除了《全国人民代表大会常务委员会关于司法鉴定管理

问题的决定》以外，我国的《刑事诉讼法》《民事诉讼法》
《行政诉讼法》《精神卫生法》《侵权责任法》等法律，《最高
人民法院关于适用〈中华人民共和国刑事诉讼法〉的解释》、
《最高人民法院关于适用〈中华人民共和国民事诉讼法〉的解
释》、最高人民检察院《人民检察院刑事诉讼规则》、公安部
《公安机关办理刑事案件程序规定》，以及最高人民法院、最
高人民检察院、公安部、国家安全部、司法部制定的《关于
办理死刑案件审查判断证据若干问题的规定》和《关于办理
刑事案件排除非法证据若干问题的规定》等有关规定，都是
制定司法鉴定程序通则的根据。

> **第二条**　司法鉴定是指在诉讼活动中鉴定人运用科学技
> 术或者专门知识对诉讼涉及的专门性问题进行鉴别和判断并
> 提供鉴定意见的活动。司法鉴定程序是指司法鉴定机构和司
> 法鉴定人进行司法鉴定活动应当遵循的方式、步骤以及相关
> 规则的总称。

>>>**【释义】** 本条是关于司法鉴定的概念和司法鉴定程
序的概念的规定。

司法鉴定的概念，是通则修订时新增加的内容，援引《全
国人民代表大会常务委员会关于司法鉴定管理问题的决定》
第 1 条的规定。司法鉴定的概念主要包括以下几层意思[1]：

―――――――――

〔1〕　援引《〈全国人民代表大会常务委员会关于司法鉴定管理问题的决定〉
释义》（全国人大常委会法制工作委员会刑法室编著，法律出版社 2005 年版）关
于司法鉴定的释义，作部分调整。

第一，司法鉴定是在诉讼活动中进行的，是一项涉及诉讼的活动。之所以将诉讼法中的"鉴定"称为"司法鉴定"，并不是鉴定活动本身具有司法职能，而是因为鉴定是在司法诉讼活动中进行的。在现实生活和工作中，需要运用科学技术或者专门知识进行鉴别和判断的问题很多，但这类活动不一定都属于本条规定的司法鉴定。只有在诉讼活动中对案件的某些专门性问题进行鉴别和判断的活动，才属于本条规定的司法鉴定。我国的诉讼活动，包括刑事诉讼、民事诉讼、行政诉讼三种。因此，本条规定的"在诉讼活动中"，就是指在刑事、民事、行政三种诉讼活动中。实践中，在诉讼活动之外，司法鉴定机构和司法鉴定人也依法为行政机关、企事业单位、组织、公民等提供鉴定服务，这种鉴定服务不属于严格意义上的司法鉴定。

第二，司法鉴定的主体是鉴定人。本条规定的"鉴定人"，是指在诉讼活动中，依法接受委托，对诉讼涉及的专门性问题进行鉴别和判断并提出鉴定意见的人。鉴定人不属于司法工作人员；而是一种特殊的证人，有的国家的法律将鉴定人称为"专家证人"。作为一种特殊的证人，鉴定人有依法就提出的鉴定意见出庭作证的义务。根据有关法律规定，鉴定人必须具有解决相关诉讼涉及的专门性问题所必需的科学技术或者专门知识。实践中应当注意的是，不能把鉴定机构等同于鉴定人。鉴定机构是由一定人数的鉴定人组成的组织，鉴定机构接受委托进行鉴定的，应当指派鉴定人进行鉴定，鉴定意见应由具体从事鉴定的人员出具并签名。

第三，司法鉴定的目的是为了解决诉讼涉及的专门性问题。依照我国有关法律规定，对诉讼涉及的专门性问题，需要进行鉴定的，应当依法进行鉴定。《刑事诉讼法》（2018年修正）第146条规定："为了查明案情，需要解决案件中某些专门性问题的时候，应当指派、聘请有专门知识的人进行鉴定。"《民事诉讼法》（2017年修正）第76条规定："当事人可以就查明事实的专门性问题向人民法院申请鉴定。当事人申请鉴定的，由双方当事人协商确定具备资格的鉴定人；协商不成的，由人民法院指定。当事人未申请鉴定，人民法院对专门性问题认为需要鉴定的，应当委托具备资格的鉴定人进行鉴定。"可见，司法鉴定的目的就是为了解决诉讼涉及的专门性问题。本条规定的"诉讼涉及的专门性问题"，是指在刑事、民事、行政诉讼中，属于案件证明对象范围内的事项，如血型的确定，精神疾病的认定等，仅凭侦查人员、检察人员或者审判人员的直观、直觉或者逻辑推理无法作出肯定或者否定的判断，必须依法运用科学技术手段或者专门知识进行鉴别和判断才能得出正确结论。诉讼涉及的专门性问题是一个外延很广的概念，对于具体哪些事项属于诉讼涉及的专门性问题，法律和法规都没有明确规定，由案件的具体情况决定。有的案件不存在专门性问题，就不需要进行鉴定；有的案件比较复杂，可能要进行多项鉴定。

第四，司法鉴定的方法是运用科学技术或者专门知识进行鉴别和判断。司法鉴定是诉讼活动中一项重要的调查取证活动，由于有些问题不能凭借直观、直觉或逻辑推理直接认识和判断，因此必须借助于科学技术或者专门知识进行鉴别和判断。本条规定的"科学技术"，是指人类在利用自然和改造自然过程中形成的反映自然、社会、思维等客观规律的知识体系。所谓"专门知识"，是指人们在某一领域的生产劳动及实践中积累起来的知识经验。

第五，鉴定人应当提供鉴定意见。鉴定人在完成鉴定后，应当根据法律规定，向委托人提供本人签名的书面鉴定意见。鉴定意见作为鉴定人个人的认识和判断，表达的只是鉴定人个人的意见，对整个案件来说，鉴定意见只是诸多证据中的一种，办案人员应当结合案件全部证据，加以综合审查判断，从而正确认定案件事实，作出正确判决。

本条对司法鉴定程序的概念作出规定。程序公正是实现实体公正的前提和保障，我国的诉讼法律和最高人民法院、最高人民检察院、公安部、国家安全部、司法部等部门制定的有关司法解释和规定中，对司法鉴定的启动、委托、鉴定实施要求、鉴定意见审查、鉴定人出庭质证、有专门知识的人出庭、鉴定意见采信等方面作出了一些规定。而本通则所指的司法鉴定程序，是指司法鉴定机构和司法鉴定人开展司法鉴定活动的程序，是司法鉴定机构和司法鉴定人进行司法鉴定活动应当遵循的方式、步骤以及相关规则的总称。

司法鉴定活动是一项涉及诉讼的科学技术活动，同时具有法律性、科学性。从法律性上看，司法鉴定是诉讼的组成部分，司法鉴定活动是一种司法证明活动，司法鉴定意见是一种证据材料，司法鉴定制度是一项法定的证明制度。从科学性上看，司法鉴定是司法鉴定人凭借科学技术知识和技能，运用科学方法，借助科学技术设备，对专门性问题进行鉴别、判断的活动，所得出的鉴定意见是从科学角度对事实的推理、判断，而不是法律性评价。因此，司法鉴定既有科学性的内容，又有法律性的要求，体现了法律性与科学性的有机统一。司法机构和司法鉴定人实施司法鉴定活动，既要符合科学规律，按照科学技术活动的规则、要求、标准和技术操作规范进行鉴定，同时也要符合司法活动的程序和要求，使寻求真相的过程本身符合法律规定。

司法鉴定机构和司法鉴定人开展司法鉴定活动，一般包括受理鉴定委托、实施鉴定、出具鉴定意见、鉴定人出庭作证等环节，本通则对司法鉴定机构和司法鉴定人在这些环节进行鉴定活动的方式、步骤和规则分别作出了规定，司法鉴定机构和司法鉴定人在进行司法鉴定活动时，应当遵循这些规定。

第三条 本通则适用于司法鉴定机构和司法鉴定人从事各类司法鉴定业务的活动。

>>>【释义】 本条是关于司法鉴定程序通则适用范围的规定。

本条规定有两层含义。第一层含义，本通则调整的对象是经司法行政机关审核登记的司法鉴定机构和司法鉴定人。《全国人民代表大会常务委员会关于司法鉴定管理问题的决定》规定，国家对一定范围的司法鉴定机构和司法鉴定人实行登记管理制度，诉讼中遇有规定范围内的专门性问题需要鉴定的，应当委托列入《国家司法鉴定人和司法鉴定机构名册》的鉴定机构和鉴定人进行鉴定。对从事规定范围以外的鉴定事项的鉴定机构和鉴定人，没有必须予以登记管理的规定。所谓"一定范围"，根据《全国人民代表大会常务委员会关于司法鉴定管理问题的决定》第2条的规定，是指从事法医类鉴定、物证类鉴定、声像资料鉴定，以及根据诉讼需要由国务院司法行政部门商最高人民法院、最高人民检察院确定的实行登记管理的鉴定事项的鉴定机构和鉴定人。截至目前，这个"一定范围"，包括法医、物证、声像资料和环境损害四大类。

事实上，基于司法鉴定活动的法律性和本身的科学性，无论是司法行政机关登记管理的司法鉴定机构和鉴定人、侦查机关根据侦查需要设立的鉴定机构及鉴定人，还是没有经过审核登记的其他技术部门或人员，在从事司法鉴定活动时，都应当遵守法律和相关规定。司法鉴定程序通则依据有关法律和规定制定，将散在法律和有关文件中的各种规定集中在一个文件中表述，有利于鉴定人学习掌握，所有从事司法鉴定业务的鉴定人都可以参照本通则开展鉴定活动。同时，党的十八届四中全会《关于全面推进依法治国若干重大问题的决定》做出了健全统一司法鉴定管理体制的改革部署，统一鉴定程序也是改革的重要方面。

第二层含义，本通则主要调整的是司法鉴定业务活动。实践中，司法鉴定机构和鉴定人除了为诉讼活动提供司法鉴定服务外，还经常在诉讼活动之外接受行政机关、法人、组织、公民的委托，提供鉴定服务，只不过这种鉴定在性质上不属于司法鉴定。司法鉴定机构和司法鉴定人在诉讼活动中提供司法鉴定服务，应当遵守本通则规定；根据本通则第49条的规定，司法鉴定机构和司法鉴定人在诉讼活动之外提供鉴定服务时，也应当参照本通则执行。

第四条 司法鉴定机构和司法鉴定人进行司法鉴定活动，应当遵守法律、法规、规章，遵守职业道德和执业纪律，尊重科学，遵守技术操作规范。

>>>>【释义】本条是关于司法鉴定机构和鉴定人的法定义务的规定。

本条主要依据《全国人民代表大会常务委员会关于司法鉴定管理问题的决定》第 12 条的规定："鉴定人和鉴定机构从事司法鉴定业务，应当遵守法律、法规，遵守职业道德和职业纪律，尊重科学，遵守技术操作规范。"

鉴定意见是诉讼中重要的证据种类之一。在许多案件中，鉴定意见发挥着至关重要的作用，直接影响到判决或者裁定的实体内容。严格规定司法鉴定机构和鉴定人机构应当履行的法定义务，对于保证鉴定服务质量，保护当事人合法权益，保障诉讼活动顺利进行，具有重要意义。本条规定了司法鉴定机构和鉴定人从事司法鉴定业务的四项法定义务：

1. 遵守法律法规。将遵守法律法规规定为首要义务，主要是强调司法鉴定机构和鉴定人必须遵守司法鉴定业务相关的法律、法规。我国有多部法律对司法鉴定活动作出规定。如《刑法》第 305 条规定，鉴定人在刑事诉讼中故意作虚假鉴定，意图陷害他人或者隐匿罪证的，处 3 年以下有期徒刑或者拘役；情节严重的，处 3 年以上 7 年以下有期徒刑。《刑法》第 229 条规定，承担资产评估、验资、验证、会计、审计、法律服务等职责的中介组织的人员故意提供虚假证明文件，情节严重的，处 5 年以下有期徒刑或者拘役，并处罚金。前款规定的人员，索取他人财物或者非法收受他人财物，犯前款罪的，处 5 年以上 10 年以下有期徒刑，并处罚金。第 1 款规定的人员，严重不负责任，出具的证明文件有重大失实，造成严重后果的，处 3 年以下有期徒刑或者拘役，并处或者单处罚金。《刑事诉讼法》将鉴定意见规定为证据的一个种类，并对鉴定人的回避、需要鉴定的事项、鉴定的程序、鉴定意见在法庭上的宣读、重新鉴定等做了规定。如《刑事诉讼法》规定，鉴定人有下列情形之一的，应当自行回避，当事人及其法定代理人也有权要求他们回避：①是本案的当事人或者是当事人的近亲属的；②本人或者他的近亲属和本案有利害关系的；③担任过本案的证人、辩护人、诉讼代理人的；④与本案当事人有其他关系，可能影响公正处理案件的。我国《民事诉讼法》和《行政诉讼法》也对民事诉讼和行政诉讼中的鉴定问题做了规定。鉴定人和鉴定机构应当严格遵守上述法律的相关规定。这里所说的"法规"，包括行政法规、政府规章和地方性法规。行政法规、政府规章和地方性法规中，也将根据本决定的规定并在总结实践经验的基础上，对司法鉴定机构和鉴定人的管理、鉴定程序及操作规范等作出规定，司法鉴定机构和鉴定人应当严格遵守这些规定。此外，最高人民法院、最高人民检察院就有关法律所作的司法解释中，对司法鉴定问题也有一些规定，这些规定对鉴定人和鉴定机构也具有约束力。

2. 遵守职业道德和执业纪律。司法鉴定机构和鉴定人从事司法鉴定业务，其所提供的鉴定意见经常会对当事人的合法权益产生重大影响，一份错误的鉴定意见有可能会导致不应负刑事责任的人被判刑，或者使当事人遭受巨大的经济损失。提高司法鉴定机构和鉴定人的道德水平，增强对纪律约束，加强鉴定人的职业责任感，对于促进司法鉴定领域的健康发展，保护当事人合法权益，促进司法公正，提高社会诚信度，都具有重大意义。因此，遵守职业道德和执业纪律，是鉴定人和鉴定机构的一项重要义务。鉴定人在从事司法鉴定业务时应当认真负责，绝不能为了私利搞"人情鉴定""关系鉴定"，更不能作虚假鉴定，损害司法公正。

3. 尊重科学。司法鉴定是鉴定人运用科学技术或者专门知识对诉讼涉及的专门性问题进行鉴别和判断，并提供鉴定意见的活动。鉴定人都是掌握一定科学技术或者专门知识，并以之为各类诉讼提供服务的人。科学性是司法鉴定活动的一个重要特征。鉴定人和鉴定机构在从事司法鉴定业务时，必须尊重科学，不能主观臆断，也不能屈从于个别领导或者部门对鉴定工作的干预，而损害鉴定工作的科学性、客观性。

4. 遵守技术操作规范。对诉讼中的专门性问题进行司法鉴定是一项具有高度技术性的工作。不同的鉴定种类和鉴定项目，具有各自的技术操作规范和操作程序。技术操作规范对于确保鉴定意见的准确性具有决定性作用。如果不严格遵守司法鉴定的技术操作规范，就很难保证鉴定意见的科学性和准确性，从而影响案件裁决的正确性。人民法院对于违反技术操作规范，可能影响鉴定意见准确性的，应当不予采纳，在必要时可以重新鉴定。因此，遵守技术操作规范，也是司法鉴定机构和鉴定人的一项重要义务。

第五条 司法鉴定实行鉴定人负责制度。司法鉴定人应当依法独立、客观、公正地进行鉴定，并对自己作出的鉴定意见负责。司法鉴定人不得违反规定会见诉讼当事人及其委托的人。

▶▶▶【释义】 本条是对鉴定人执业活动总体要求的规定。

司法鉴定实行鉴定人负责制度是《全国人民代表大会常务委员会关于司法鉴定管理问题的决定》第 10 条的规定。鉴定意见作为诉讼中的证据种类之一，实质上是一种个人意见，是鉴定人凭借其专门知识对某个问题作出的一种认识和判断。鉴定意见是否客观、准确，取决于鉴定人自己的科学技术水平和判断能力，应当由鉴定人自己负责。

鉴定工作开始后，从检材的提取、保管、检验、甄别等，都应由鉴定人根据技术操作规范进行，形成的鉴定意见必须以鉴定人个人名义作出，对鉴定意见负责。刑事诉讼活动中，鉴定人故意作虚假鉴定的，应当承担法律责任。即，构成伪证罪、受贿罪等犯罪的，依法追究刑事责任，尚未构成犯罪的，依法予以行政处分。鉴定人或鉴定机构在执业活动中因故意或者重大过失给当事人造成损失的，依法承担民事责任。

需要指出的是，实行鉴定人负责制度，并不意味着鉴定人的执业活动不受监督和制约，也并不意味着鉴定机构不承担责任。事实上，根据本通则第11条和第18条的规定，应当由司法鉴定机构统一接受司法鉴定委托，由鉴定机构确定、委派鉴定人实施鉴定。因此，鉴定机构有责任、有权力对鉴定人的执业活动进行监督、管理，确保鉴定的公正性、科学性。本通则第35条规定，鉴定人完成鉴定后，司法鉴定机构应当指定具有相应资质的人员对鉴定程序和鉴定意见进行复核。建立完善鉴定机构对鉴定意见和鉴定程序的复核制度，意在加强鉴定机构对鉴定人的内部监督管理，防止出现虚假鉴定、错误鉴定，提高鉴定质量。

鉴定人独立、客观、公正鉴定是开展鉴定工作的必然要求。独立、客观、公正进行鉴定，是指鉴定人在鉴定活动中仅从客观事实角度，按照规定的程序和技术规范、标准，实施鉴定活动，结合自己的知识、经验得出鉴定意见，整个过程不受其他因素的影响。一是不受权势、人情和金钱的干扰，二是不因办案人员的要求或者暗示出具鉴定意见，三是不能盲从于其他专家的判断。在诉讼中，有时会遇到特别疑难、复杂的问题，为了获得更加客观、公正的证据，需要几个鉴定人同时对该问题进行共同鉴定，即所谓的"专家会鉴"。对于多人共同鉴定的，仍应贯彻个人负责和独立进行鉴定的原则。鉴定过程中可以互相研究讨论，但每个人都有提出鉴定意见的权利，任何人不能以年龄、职务、学历、职称、技术水平、工作经历等要求别人服从自己的意见。2020 年 6 月，司法部发布《司法鉴定机构 鉴定人记录和报告干预司法鉴定活动的有关规定》，进一步保障了鉴定人依法独立开展鉴定工作。

司法鉴定人不得违反规定会见诉讼当事人及其委托的人，指的是私自会见，其要点在于违反规定。为确保鉴定意见公正性，诉讼法律对鉴定人不得违反规定会见诉讼当事人作出了明确规定。根据《刑事诉讼法》第 30、32 条的规定，鉴定人不得接受当事人及其委托的人的请客送礼，不得违反规定会见当事人及其委托的人。违反前款规定的，应当依法追究法律责任。当事人及其法定代理人有权要求他们回避，辩护人、诉讼代理人可以依照本章的规定要求回避、申请复议。根据《民事诉讼法》第 44 条的规定，鉴定人接受当事人、诉讼代理人请客送礼，或者违反规定会见当事人、诉讼代理人的，当事人有权要求他们回避。

司法鉴定人员由于鉴定工作的需要与当事人会见，要符合有关规定。如本通则第 24 条规定，司法鉴定人有权了解进行鉴定所需要的案件材料，可以查阅、复制相关资料，必要时可以询问诉讼当事人、证人。第 27 条规定，司法鉴定人应当对鉴定过程进行实时记录并签名。司法鉴定人根据鉴定活动的需要会见诉讼当事人的，应当记录时间、地点、人物、内容等。鉴定期间，鉴定人违反规定会见当事人、诉讼代理人的，根据《民事诉讼法》第44条的规定，当事人有权要求他们回避。

第六条 司法鉴定机构和司法鉴定人应当保守在执业活动中知悉的国家秘密、商业秘密，不得泄露个人隐私。

》》》【释义】 本条是关于鉴定机构和鉴定人应当保守相关秘密或者隐私的规定。

根据我国《民法典》《保守国家秘密法》《公司法》《反不正当竞争法》《未成年人保护法》《妇女权益保障法》等有关法律规定，公民有保守国家秘密、商业秘密、个人隐私的义务。

鉴定人在参与诉讼过程中，不可避免地会接触到一些需要保密的事项。《刑事诉讼法》第188条规定，有关国家秘密或者个人隐私的案件，不公开审理；涉及商业秘密的案件，当事人申请不公开审理的，可以不公开审理。《民事诉讼法》第134条规定，人民法院审理民事案件，除涉及国家秘密、个人隐私或者法律另有规定的以外，应当公开进行。离婚案件，涉及商业秘密的案件，当事人申请不公开审理的，可以不公开审理。鉴定人会了解到一些与案件有关国家秘密、商业秘密或者个人隐私。在实施鉴定活动的过程中，由于鉴定需要，经人民法院许可，鉴定人也有可能会了解到一些国家秘密、商业秘密或者个人隐私。鉴定机构和鉴定人了解、知晓这些国家秘密、商业秘密或者当事人的个人隐私后，有法定义务不得传播、散布、泄露。

国家秘密是关系国家的安全和利益，依照法定程序确定，在一定时间内只限一定范围的人员知悉的事项，如维护国家安全活动和追查刑事犯罪中的秘密事项。商业秘密是指不为公众所知悉、能为权利人带来经济利益、具有实用性并经权利人采取保密措施的技术信息和经营信息。个人隐私指涉及个人秘密且与公众利益无关的，公民不愿公开的私人资料、私人生活等都属于隐私权的范围，内容非常广泛。

司法鉴定人违反保密相关法律、法规规定，将依法承担相应的法律责任。故意或者过失泄露国家秘密，情节严重的，依法追究刑事责任，尚未构成犯罪的，酌情给予行政处分或处罚。侵犯商业秘密的，责令停止违法行为，视情节处以罚款；给商业秘密的权利人造成重大损失的，依法追究刑事责任。侵害公民或者法人的名誉权，公民或者法人要求赔偿损失的，视情节、后果和影响确定其赔偿责任。未经委托人的同意，向其他人或者组织提供与鉴定事项有关的信息，应根据有关规定，依法追究相应的法律责任。

第七条 司法鉴定人在执业活动中应当依照有关诉讼法律和本通则规定实行回避。

>>>【释义】 本条是关于鉴定人回避的规定。

回避制度是国家司法活动中一个非常重要的制度。在诉讼活动中，与案件当事人或与案件有利害关系，或者与案件有其他关系、可能影响案件公正处理的工作人员应当自行回避，即不再参与办理这一案件，当事人也有权申请回避。为了保障诉讼活动能够客观、公正地进行，三大诉讼法对回避制度都作出了明确规定。

鉴定人回避，是指鉴定人遇有法律规定的情形，与本案有利害关系或者其他关系，可能影响对案件公正鉴定的，应不再参加鉴定、复核鉴定、重新鉴定、补充鉴定等鉴定活动，经一定程序退出对本案的鉴定。《全国人民代表大会常务委员会关于司法鉴定管理问题的决定》第9条第3款规定，鉴定人应当依照诉讼法律规定实行回避。关于鉴定人在诉讼中回避的问题，我国《刑事诉讼法》《民事诉讼法》以及《行政诉讼法》都做了具体规定。鉴定人依法回避，对于保证鉴定人提供鉴定意见的独立性和中立性，保障诉讼当事人的合法权益，保证案件得到公正的处理，都具有重要的意义。当事人及其法定代理人申请鉴定人回避是一项重要的诉讼权利，人民法院、人民检察院和公安机关，都有义务保障当事人及其法定代理人依法行使申请回避的权利。鉴定人也有义务自觉遵守诉讼法律规定的回避制度。

首先，鉴定人应当依照诉讼法律的规定实行回避。《刑事诉讼法》第29条规定，审判人员、检察人员、侦查人员有下列情形之一的，应当自行回避，当事人及其法定代理人也有权要求他们回避：①是本案的当事人或者是当事人的近亲属的；②本人或者他的近亲属和本案有利害关系的；③担任过本案的证人、鉴定人、辩护人、诉讼代理人的；④与本案当事人有其他关系，可能影响公正处理案件的。第32条规定，关于回避的规定适用于书记员、翻译人员和鉴定人。第30条规定，接受当事人及其委托的人的请客送礼，违反规定会见当事人及其委托的人的，当事人及其法定代理人有权要求他们回避。《民事诉讼法》第44条规定，审判人员有下列情形之一的，应当自行回避，当事人有权用口头或者书面方式申请他们回避：①是本案当事人或者当事人、诉讼代理人近亲属的；②与本案有利害关系的；③与本案当事人、诉讼代理人有其他关系，可能影响对案件公正审理的。审判人员接受当事人、诉讼代理人请客送礼，或者违反规定会见当事人、诉讼代理人的，当事人有权要求他们回避。审判人员有前款规定的行为的，应当依法追究法律责任。前三款规定，适用于书记员、翻译人员、鉴定人、勘验人。《行政诉讼法》第55条规定，当事人认为审判人员与本案有利害关系或者有其他关系可能影响公正审判，有权申请审判人员回避。审判人员认为自己与本案有利害关系或者有其他关系，应当申请回避。前两款规定，适用于书记员、翻译人员、鉴定人、勘验人。

其次，鉴定人应当按照本通则的规定实行回避。本通则第20条规定了鉴定人应当回避的情形，即司法鉴定人本人或者其近亲属与诉讼当事人、鉴定事项涉及的案件有利害关系，可能影响其独立、客观、公正进行鉴定的，应当回避。司法鉴定人曾经参加过同一鉴定事项鉴定的，或者曾经作为专家提供过咨询意见的，或者曾被聘请为有专门知识的人参与过同一鉴定事项法庭质证的，应当回避。

第八条 司法鉴定收费执行国家有关规定。

>>>**【释义】** 本条是关于司法鉴定收费的规定。

司法鉴定服务是有偿的，委托人需要向司法鉴定机构和鉴定人支付相应的服务费用。健全和完善司法鉴定收费制度,对于保证司法鉴定的顺利开展、保障当事人的合法权益具有重要意义。

国家关于司法鉴定服务收费的管理制度,经历了一个改革完善的历程。2005年,《全国人民代表大会常务委员会关于司法鉴定管理问题的决定》颁布以前,鉴定收费问题比较混乱,难以统一,虽然有的部门和地方作出一些规定,但执行中存在的问题较多,有的鉴定部门单纯追求经济效益,收费标准定得不合理,有的定得过高,加重当事人的经济负担,使普通老百姓"打官司"比较困难。

2005年制定颁布的《全国人民代表大会常务委员会关于司法鉴定管理问题的决定》第15条规定,司法鉴定的收费项目和收费标准由国务院司法行政部门商国务院价格主管部门确定。根据这一规定,司法鉴定收费实行政府定价或者政府指导价,而不能实行市场定价,以保障当事人的诉讼权利和诉讼的顺利进行。必要时可考虑建立援助制度,通过援助制度,帮助确有困难、无力支付鉴定费用的诉讼当事人。

2009年,国家发展和改革委员会、司法部制定颁布了《司法鉴定收费管理办法》(发改价格〔2009〕2264号),同时制定了法医、物证、声像资料三大类174个鉴定收费项目及其基准价。

2015年,为贯彻落实党的十八届三中全会关于深化价格管理体制改革的要求,国家将司法鉴定收费定价权限下放至省级管理。2015年4月,第十二届全国人大常务委员会第十四次会议决定对《全国人民代表大会常务委员会关于司法鉴定管理问题的决定》作出修改,将第15条修改为:"司法鉴定的收费标准由省、自治区、直辖市人民政府价格主管部门会同同级司法行政部门制定。"根据本条规定，各地司法鉴定机构应当按照本省（区、市）物价部门和司法行政部门共同制定的司法鉴定收费管理办法和收费标准收取鉴定费及相关费用。

2015 年 6 月，国家发改委、司法部等部门印发《关于下放教材及部分服务价格定价权限有关问题的通知》（发改价格〔2015〕1199 号），要求各地制定本地区的司法鉴定收费标准。2016 年 1 月，司法部办公厅印发《关于做好司法鉴定收费标准制定相关工作的通知》（司办通〔2016〕6 号），2016 年 3 月，国家发改委废止了 2009 年制定的《司法鉴定收费管理办法》。

第九条 司法鉴定机构和司法鉴定人进行司法鉴定活动应当依法接受监督。对于有违反有关法律、法规、规章规定行为的，由司法行政机关依法给予相应的行政处罚；对于有违反司法鉴定行业规范行为的，由司法鉴定行业组织给予相应的行业处分。

>>>【释义】 本条是关于司法鉴定机构和司法鉴定人在进行司法鉴定活动时应当接受监督，司法行政机关和司法鉴定行业协会应当对其违法违规行为予以处罚、处分的规定。

司法鉴定意见对保障司法公正、维护当事人权益具有重要影响。司法鉴定意见是鉴定人按照规定的程序，运用科学技术或者专业知识进行鉴别和判断后提出的。为确保鉴定意见科学、客观、公正，鉴定机构和鉴定人的鉴定活动应当依法依规接受监督。

省级司法行政机关是司法鉴定鉴定机构和司法鉴定人的登记管理部门，对鉴定机构和鉴定人负有监督管理的职责。有的省（区、市）司法厅（局）根据司法鉴定管理的需要，结合本地实际，将司法鉴定的监督管理权限委托地市级、县级司法行政机关进行监督管理。司法行政机关可以定期或不定期地对鉴定机构和鉴定人进行监督、检查，对违反有关法律、法规、规章规定行为的，依法给予相应的行政处罚，不断规范鉴定执业行为。《全国人民代表大会常务委员会关于司法鉴定管理问题的决定》第 13 条规定，鉴定人或者鉴定机构有违反《决定》规定行为的，由省级人民政府司法行政部门予以警告，责令改正。鉴定人或者鉴定机构有下列情形之一的，由省级人民政府司法行政部门给予停止从事司法鉴定业务 3 个月以上 1 年以下的处罚；情节严重的，撤销登记：①因严重不负责任给当事人合法权益造成重大损失的；②提供虚假证明文件或者采取其他欺诈手段，骗取登记的；③经人民法院依法通知，拒绝出庭作证的；④法律、行政法规规定的其他情形。

司法鉴定行业组织主要是指司法鉴定行业协会。截至 2020 年 6 月，各地已成立省级司法鉴定协会 30 个。司法鉴定协会是司法鉴定机构和司法鉴定人的自律管理组织，司法鉴定协会可以根据其章程和有关规定，对违反司法鉴定行业规范的鉴定机构和鉴定人，给予相应的行业处分。

除司法行政机关、司法鉴定行业协会外，其他相关部门和个人，如新闻媒体、鉴定委托人、诉讼当事人等，也可以依据法律、法规、规章规定的方式对鉴定机构和鉴定人的鉴定活动进行监督。但应当指出的是，任何形式的监督，都不应当干扰鉴定机构和鉴定人依法正常执业。

第十条　司法鉴定机构应当加强对司法鉴定人执业活动的管理和监督。司法鉴定人违反本通则规定的，司法鉴定机构应当予以纠正。

>>>【释义】本条是关于司法鉴定机构管理、监督所属鉴定人执业行为的规定。

司法鉴定机构是司法鉴定人的执业场所，是组织司法鉴定人进行鉴定活动的主体。司法鉴定机构在组织鉴定人进行司法鉴定活动的过程中，对鉴定人的执业行为承担相应的监督管理职责，包括对鉴定人进行资质管理，对鉴定人进行教育培训，指派鉴定人开展鉴定活动，监督司法鉴定人遵守法定义务、遵守有关技术标准和规范，监督司法鉴定人依法出庭作证，执行有关鉴定人回避的法律制度，对鉴定意见和程序进行复核，按照有关统一规定的格式出具司法鉴定文书，等等。

根据本条规定，司法鉴定机构发现司法鉴定人有违反本《通则》规定行为的，应当予以纠正。鉴定人拒不服从鉴定机构管理的，鉴定机构应当按照本机构管理规定予以处理，发现鉴定人有违法违规执业行为的，应当报告司法行政机关处理。

第二章
司法鉴定委托与受理

　　本章共 7 条，对委托人委托鉴定、司法鉴定机构接受鉴定委托和不予受理鉴定委托作出程序规定。根据本章规定，在诉讼活动中，司法鉴定机构应当统一受理办案机关的司法鉴定委托，当事人不能自行委托司法鉴定，鉴定人也不能私下直接接受委托。委托人委托鉴定，应当提供鉴定材料，并对其真实性、合法性负责，鉴定机构应当核对并记录收到的鉴定材料，并在 7 个工作日内进行审查并作出是否受理的决定。经审查，如果委托事项符合第 14 条的规定，司法鉴定机构决定受理的，则按照第 16 条的规定签订委托书；如果委托事项属于第 15 条规定的情形，司法鉴定机构决定不予受理的，需要按照第 17 条的规定退还鉴定材料，并说明理由。

　　第十一条　司法鉴定机构应当统一受理办案机关的司法鉴定委托。

　　》》》【释义】本条是关于司法鉴定机构受理鉴定委托的要求的规定。

　　根据本条规定，司法鉴定机构在接受司法鉴定委托时，应当统一受理办案机关的委托。本条规定有两层含义，一是在诉讼活动中，需通过司法鉴定解决诉讼中专门性问题的，司法鉴定机构只能接受办案机关的委托，而不能接受当事人的委托；二是司法鉴定应当由司法鉴定机构作为被委托方统一接受司法机关委托，而不能由司法鉴定人作为被委托方直接接受委托。

关于第一层含义。根据本通则规定，司法鉴定机构可以在诉讼活动中提供司法鉴定服务，也可以在诉讼活动之外为委托人提供鉴定服务，但只有在诉讼活动中的"鉴定"才被称为严格意义上的"司法鉴定"。所谓诉讼活动，在我国，包括刑事诉讼、民事诉讼、行政诉讼三种。我国刑事诉讼法规定，在侦查活动过程中，为了查明案情，需要解决案件中某些专门性问题的时候，应当指派、聘请有专门知识的人进行鉴定；侦查机关应当将用作证据的鉴定意见告知犯罪嫌疑人、被害人。如果犯罪嫌疑人、被害人提出申请，可以补充鉴定或者重新鉴定。在提起公诉、审理过程中，当事人和辩护人、诉讼代理人可以申请重新鉴定。我国民事诉讼法规定，当事人可以就查明事实的专门性问题向人民法院申请鉴定。人民法院也可以依职权自行委托鉴定。由此可见，刑事诉讼活动中的犯罪嫌疑人、被害人可以提出重新鉴定的申请，民事诉讼活动中的当事人可以提出鉴定或者重新鉴定的申请，但决定和委托鉴定或重新鉴定是司法机关的权限。因此，与我国的诉讼法律相适应，本条规定，对司法机关正在侦查、提起公诉或者审理过程中的案件涉及的鉴定委托，司法鉴定机构只能接受办案机关的委托。所谓"办案机关"，本通则第48条规定，是指办理诉讼案件的侦查机关、审查起诉机关和审判机关。

本条规定的司法鉴定机构只能接受办案机关的司法鉴定委托，限于正处于诉讼活动中的案件。根据本通则第49条的规定，在诉讼活动之外，司法鉴定机构仍然可以接受行政机关、法人、组织、公民的鉴定委托，提供鉴定服务，只不过这种鉴定在性质上不属于司法鉴定。

关于第二层含义。《全国人民代表大会常务委员会关于司法鉴定管理问题的决定》第9条规定，鉴定人从事司法鉴定业务，由所在的鉴定机构统一接受委托。即，禁止鉴定人脱离鉴定机构私下直接接受委托，而要由所在的鉴定机构统一接受委托。作出这样的规定，目的是发挥司法鉴定机构对司法鉴定人的监督管理作用，防止鉴定人在鉴定活动中不认真履行鉴定义务，防止个别鉴定人利用特殊的地位滥收费，或实施其他侵害委托人合法权益的行为，更好地保障诉讼当事人的合法权益。

无论司法机关或者诉讼当事人出于何种原因希望确定由某个鉴定人提供鉴定意见的，也必须通过鉴定机构办理委托手续，再按照本通则第18条规定的方式，确定具体的鉴定人。

> **第十二条** 委托人委托鉴定的，应当向司法鉴定机构提供真实、完整、充分的鉴定材料，并对鉴定材料的真实性、合法性负责。司法鉴定机构应当核对并记录鉴定材料的名称、种类、数量、性状、保存状况、收到时间等。
>
> 诉讼当事人对鉴定材料有异议的，应当向委托人提出。
>
> 本通则所称鉴定材料包括生物检材和非生物检材、比对样本材料以及其他与鉴定事项有关的鉴定资料。

》》》【释义】 本条是关于鉴定材料的规定。

2016年修订《司法鉴定程序通则》时，整合原通则第

12、13 条中关于鉴定材料的内容，单列一条进行表述。

根据本条第 1 款的规定，委托人委托鉴定，需要向鉴定机构提供开展鉴定所必需的鉴定材料。鉴定材料需要真实、完整、充分，且由委托人对鉴定材料的真实性、合法性负责。司法鉴定机构对委托人提交的鉴定材料，应当认真核对并作记录。

鉴定材料是鉴定人开展鉴定活动的物质基础，是鉴定意见赖以产生的基础。任何一项司法鉴定都必须以某种客观存在的人或物作为鉴定对象，如法医临床的鉴定材料通常是人的身体，法医物证鉴定的鉴定材料通常是生物检材，文书鉴定的鉴定材料通常是文件，环境损害鉴定的鉴定材料可能包括水、土壤等。如果仅有当事人或者见证人的描述，没有客观的鉴定材料，司法鉴定人无法有效开展鉴定活动。

真实性是对鉴定材料的核心要求。真实的鉴定材料也是鉴定人作出准确可靠鉴定的前提条件，鉴定材料必须是真实可靠的，而不是被替换、伪造、变造、剪裁、篡改、人为老化过的检材或者样本。在刑事司法实践中，物证、书证、视听资料、电子数据除了可以在法庭上直接出示外，通常还作为司法鉴定的鉴定材料。例如，一把在犯罪现场提取的刀具，除了在法庭上出示，接受当庭辨认外，还会作为司法鉴定的检材，由鉴定人对刀刃、刀把上的血迹、指纹等进行检验并出具鉴定意见。法庭需要审查，在法庭上出示的并用作鉴定材料的那把刀，是否就是在犯罪现场提取的那把刀，该物证的来源、取得、保管、送检等环节是否符合法律规定，鉴定材料是否与相关提取笔录、扣押清单等相符。如果实物证据的同一性不能得到鉴真，法庭将无法采信其真实性，鉴定人也不能将其作为"合格（适格）的鉴定材料"。根据《最高人民法院关于适用〈中华人民共和国刑事诉讼法〉的解释》（法释［2012］21号）第85条，在审查司法鉴定意见过程中，发现送检材料、样本来源不明，或者因污染不具备鉴定条件的，鉴定对象与送检材料、样本不一致的，鉴定意见不得作为定案的依据。在民事诉讼活动中，为防止当事人为获得有利于己方的鉴定意见而可能提供虚假的、不全面的鉴定材料，根据2019年最新修正的《最高人民法院关于民事诉讼证据的若干规定》第34条第1款的规定，人民法院应当组织当事人对鉴定材料进行质证。未经质证的材料，不得作为鉴定的根据。

委托人所提交的鉴定材料必须完整、充分。所谓完整，是指在某些鉴定活动中，鉴定人需要获得与案件事实有关的、全部的、必需的鉴定材料，才能得出科学可信的鉴定意见。鉴定材料不全面，反映的信息不完整，将会影响鉴定人作出判断的准确性。如在法医临床鉴定中，损伤与疾病的关系是影响人体损伤程度鉴定的重要因素，如果鉴定材料只包含关于损伤的信息，而缺乏是否患有疾病、患有何种疾病的信息，则可能无法得出准确的损伤程度判定意见。

所谓充分，是指在鉴定活动中，鉴定人需要获得足够多（在类别和数量上）的鉴定材料，才能开展鉴定，得出科学可信的鉴定意见。鉴定材料不充分，将会导致无法得出明确结论或无法进行鉴定。如在文书物证鉴定的笔迹同一性认定中，判断书写笔迹是否符合某书写人的书写习惯，需要足够的该书写人的书写材料作为比对样本，如果比对样本不足，鉴定人可能无法进行鉴定，或者导致得出的鉴定意见的可靠性下降。

鉴定材料的合法性是指，鉴定材料的来源、取得、保管、送检等环节都符合法律规定。在刑事诉讼活动中，有的办案人员可能会通过违反法律或者有关规定的方式取得实物证据，交由司法鉴定机构进行鉴定；在民事诉讼活动中，有的当事人为了达到一定目的，故意提供不真实、不全面的鉴定材料，只提供对自己有利的鉴定材料，隐瞒对自己不利的材料，甚至提交虚假的材料，影响鉴定意见的科学性、公正性，进而影响司法公正。

对于鉴定材料的真实性、合法性，主要由委托人负责，委托人对鉴定材料的真实性、合法性负有实质审查义务，委托人应当依法收集、提取、保管、转送鉴定材料。鉴定机构依据不真实、不合法的鉴定材料作出鉴定意见，导致法律后果的，委托人应当承担全部责任。司法鉴定机构对于鉴定材料的真实性、合法性负有一定的注意义务，如果发现鉴定材料存在不真实、不合法的情形的，应当依据本通则第15条的规定，不予受理。

委托人向司法鉴定机构提供鉴定材料，司法鉴定机构收到后，应当核对并根据需要对鉴定材料的特点进行如实记录和描述，如鉴定材料的名称、种类、数量、性状、保存状况和收到时间等，并与委托人确认。对鉴定材料进行记录，并不要求对所有鉴定材料都要从名称、种类、数量、性状、保存状况和收到时间等这些指标进行记录，只是要求用适当的指标去记录和描述，有时还需要超出上述指标的范围去描述鉴定材料。作出此规定的主要目的是，有的鉴定材料比较贵重或者不可重新获取，或者对当事人比较重要、有特殊意义或价值，司法鉴定机构对收到的鉴定材料造册记录，一方面可以明确保管责任，避免与委托人发生不必要的纠纷，另一方面也便于鉴定材料的管理，避免与其他委托事项的鉴定材料混淆。本通则第22条规定，鉴定机构和鉴定人因严重不负责任造成鉴定材料损毁、遗失的，应当依法承担责任。

本条第2款规定，诉讼当事人对鉴定材料有异议的，应当向委托人提出。在诉讼活动中，鉴定材料应当由办案机关提供，而不能由当事人直接提供给司法鉴定机构。但很多情况下，鉴定材料一般首先需要由当事人提供给办案机关，办案机关再经过审查、质证和确认后，交由鉴定机构进行鉴定。在此过程中，有的当事人故意提供不真实、不全面的鉴定材料，企图影响鉴定的科学性，得到有利于己方的鉴定意见。另一方诉讼当事人如果对鉴定材料有异议，认为鉴定材料不真实、不合法、不全面或者存在其他不适宜作为鉴定材料的情形的，应当向委托人提出，而不能直接向司法鉴定机构提出。一方面，司法鉴定机构主要利用委托人提供的鉴定材料出具鉴定意见，而不能仅凭某一方当事人的意见来决定使用或者不使用哪些鉴定材料；另一方面，司法鉴定委托关系的双方是办案机关和鉴定机构，而非鉴定机构与当事人之间。鉴定过程中，如无必要，司法鉴定机构和鉴定人应当避免直接接触当事人，避免因当事人的介入对鉴定意见的公平性、公正性产生影响。

实践中，如果双方对鉴定材料是否可作为鉴定依据不能形成一致意见，办案机关可以先行对鉴定材料进行质证、鉴真，然后再依据鉴真后的鉴定材料进行鉴定。

本条第3款是关于鉴定材料的界定，鉴定材料包括生物检材和非生物检材、比对样本材料以及其他与鉴定事项有关的鉴定资料。

检材在司法鉴定中通常是指来源、属性或特征等尚不明确或存在争议的检验材料，是鉴定的直接对象，包括与鉴定事项有关的生物检材和非生物检材。

所谓生物检材，是指自然界的动物、植物和微生物，或者其机体的一部分、代谢物等。如与人相关的生物检材，包括人体、尸体、组织、血液、尿液、唾液和精液等；

所谓非生物检材，是指自然界中无生命力的物质，如药物、毒品、化学物质、油墨、纸张和录音录像制品等。

比对样本是用于比对鉴定的样本，即用于确定检材与样本是否由同一客体、同一时期所形成，或者两者是否为同一客体的分离部分的样本，其来源、属性或特征等通常是明确的或无争议的。按照反映的客体特性不同，比对样本可分为物质样本、形象样本和习惯样本。物质样本是指反映客体成分、含量和内部结构等物理特性的样本，如反映人体 DNA 遗传标记的血液、毛发等生物样本；形象样本是指反映客体表面结构和形态特征的样本，如反映手指乳突花纹结构的指印样本、反映鞋底形态结构的鞋印样、反映枪支机件表现结构的枪弹痕迹样本、反映分离面或分离缘结构形态的整体分离痕迹样本等；形象样本又可分为平面形象样本和立体形象样本；习惯样本是指反映生物体行为习惯和动力定型的样本，如反映人书写习惯的笔迹样本、反映人行走动力定型的足迹样本等。

鉴定资料是指存在于各种载体上的与鉴定事项有关的信息，通常不属于鉴定的直接对象，如在法医临床鉴定中，被鉴定对象受伤后在医院就诊过程中形成的病历、影像学片等。

第十三条 司法鉴定机构应当自收到委托之日起七个工作日内作出是否受理的决定。对于复杂、疑难或者特殊鉴定事项的委托，司法鉴定机构可以与委托人协商决定受理的时间。

>>>**【释义】** 本条是关于司法鉴定机构作出是否决定受理委托的时限的规定。

委托人拟委托鉴定时，需向司法鉴定机构提供必要的鉴定材料，并说明拟委托的鉴定事项。司法鉴定机构需对委托鉴定事项及鉴定材料等进行审查，以决定是否能够接受委托。一般情况下，司法鉴定机构应当指派具备相应能力的人员对鉴定事项、鉴定材料进行审查，所谓具备相应能力的人员，可以是鉴定人，也可以是鉴定机构其他能够完成相应审查任务的工作人员。本着服务诉讼、提高效率的理念，按照本条规定，一般情况下司法鉴定机构应当在 7 个工作日内完成审查、作出是否受理的决定，并通知委托人。如果委托的鉴定事项属于复杂、疑难或者特殊的情形，受到司法鉴定机构技术能力的限制，或者鉴定材料不完整、不充分等，司法鉴定机构不能在 7 个工作日内作出是否决定的，应当与委托人通过协商确定受理的时间，相关的协商记录应当予以保存。

第十四条 司法鉴定机构应当对委托鉴定事项、鉴定材料等进行审查。对属于本机构司法鉴定业务范围，鉴定用途合法，提供的鉴定材料能够满足鉴定需要的，应当受理。

对于鉴定材料不完整、不充分，不能满足鉴定需要的，司法鉴定机构可以要求委托人补充；经补充后能够满足鉴定需要的，应当受理。

>>>>【释义】 本条是规范司法鉴定机构受理司法鉴定委托行为的规定。

根据本条规定，办案机关拟委托司法鉴定机构对案件涉及的专门性问题进行鉴定时，司法鉴定机构应当对委托鉴定事项、鉴定材料等进行审查，对符合有关要求的，应当接受委托并开展鉴定，无正当理由不得拒绝受理。

本条分为两款。第 1 款规定了司法鉴定机构收到委托人的委托要求后，应当对委托鉴定事项和鉴定材料进行审查，对符合有关条件的，应当受理。2007 年版《司法鉴定程序通则》第 14 条仅规定鉴定机构应当对委托鉴定事项进行审查，2016 年版《司法鉴定程序通则》修订时增加"鉴定材料"作为司法鉴定机构审查的内容。

根据本款规定，司法鉴定机构一方面无正当理由不能不予接受鉴定委托，另一方面也不允许其无条件地接受所有鉴定委托，只有对经审查符合要求的鉴定委托，司法鉴定机构才可以受理、与委托人签订委托书并实施鉴定。而对不符合要求的鉴定委托，如经审查存在第 15 条规定的情形的，司法鉴定机构不得受理。

关于对委托鉴定事项进行审查，主要包括三个方面，鉴定事项是否属于本机构的业务范围、鉴定事项的用途是否合法、本机构是否有能力完成该鉴定事项等。

第一，鉴定事项是否属于本机构业务范围。司法机构和司法鉴定人应当在核准的业务范围内从事司法鉴定业务。鉴定人从事司法鉴定业务，运用的是其掌握的科学技术或者专门知识。实践中，诉讼涉及的专门性问题的外延非常广泛，而且在当今社会科学技术门类越来越细化的情况下，任何司法鉴定机构和鉴定人不可能对任何鉴定事项都有能力提供鉴定意见。司法行政机关依据有关规定对司法鉴定机构、鉴定人进行审核、登记时，必须对其应当登记的业务范围作出明确的界定。鉴定人只能从事其所申请并经登记后在名册中注明的司法鉴定业务，鉴定机构也只能在名册注明的业务范围内统一接受委托，从事司法鉴定业务。如果要扩大鉴定业务范围，应当按照有关规定提出申请，经省级人民政府司法行政部门审核后予以登记后，才能开展扩大的司法鉴定业务。司法鉴定机构审查鉴定委托时，应当将办案机关的委托鉴定事项和自身的司法鉴定业务范围进行对照，只有委托鉴定事项属于本机构登记的业务范围，才有可能接受委托，否则应当依据本通则第15条第1款的规定不予受理。

第二，鉴定事项的用途是否合法。一般来说，司法鉴定委托人是办案机关，包括办理诉讼案件的侦查机关、审查起诉机关和审判机关，这些机关的鉴定委托通常是根据办案需要启动，其鉴定用途合法。这里要求司法鉴定机构对鉴定事项的用途进行合法性审查，一方面是要求司法鉴定机构对委托人的身份进行核实，确认代表办案机关进行委托工作的办理人身份和合法性；另一方面，也是更重要的一方面，是在诉讼活动之外，司法鉴定机构对当事人自行委托的鉴定事项用途进行审查。根据本通则第49条的规定，在诉讼活动之外，司法鉴定机构和司法鉴定人依法开展相关鉴定业务的，参照本通则规定执行。因此，司法鉴定机构可以接受其他单位、组织、法人或者当事人个人的委托，对有关的专门性问题进行鉴别、判断，提出鉴定意见。单位、组织、法人或者当事人个人提交的鉴定委托，经鉴定机构审查认为鉴定目的不合法或者严重违反社会公德的，鉴定机构应当依据本通则第 15 条的规定，一律不予受理。

第三，本机构是否有能力完成该鉴定事项。诉讼中经常会遇到一些疑难、复杂、特殊技术问题，鉴定事项虽然属于本机构业务范围，但如果经过审查、评价，认为本机构没有足够的业务能力或技术条件完成该鉴定事项的，也应当按照本通则第 15 条的规定不予受理。

对鉴定材料进行审查，包括审查鉴定材料的真实性、合法性、完整性、充分性等。本通则第 12 条规定，委托人委托鉴定的，应当向司法鉴定机构提供真实、完整、充分的鉴定材料，并对鉴定材料的真实性、合法性负责。关于鉴定材料的真实性、合法性，可以认为办案机关所提交的鉴定材料一般都是真实的、合法的，鉴定机构审查鉴定材料的真实性、合法性，重点是对诉讼活动之外的当事人自行委托鉴定时，所提交的鉴定材料的真实性、合法性进行审查。虽然鉴定材料的合法性应当由委托人负责，但司法鉴定机构也负有相应的注意义务，一旦发现某些鉴定材料的合法性存在问题，应当向委托人提出，或者根据本通则第 15 条的规定，不予接受鉴定委托。

根据本款规定，司法鉴定机构经过审查认为委托的鉴定事项属于本机构司法鉴定业务范围，鉴定用途合法，提供的鉴定材料能够满足鉴定需要的，应当接受委托。

本条第 2 款规定，对于鉴定材料不完整、不充分，不能满足鉴定需要的，司法鉴定机构可以要求委托人补充，经补充后能够满足鉴定需要的，应当受理。2007 年版《司法鉴定程序通则》第 14 条规定，对提供的鉴定材料不完整、不充分的，司法鉴定机构可以要求委托人补充；委托人补充齐全的，可以受理。2016 年版《司法鉴定程序通则》修订时作了两处变动，一是将"补充齐全"改为"经补充后能够满足鉴定需要",意在强调司法鉴定机构接受委托的必要条件是鉴定材料能够满足鉴定需要,而未必达到客观上的"齐全"。不同技术能力水平的司法鉴定机构和鉴定人在判断鉴定材料的完整性、充分性方面,存在不同的理解、把握,对有的司法鉴定机构而言,一些情况下鉴定材料即使不齐全,同样能够满足鉴定需要;而对有的司法鉴定机构,即使鉴定材料非常齐全,却也未必能满足其鉴定需要。二是将委托人补充鉴定材料后,鉴定机构"可以受理"改为鉴定机构"应当受理",进一步强调司法鉴定机构不得无故不予接受委托。

根据《司法鉴定机构登记管理办法》第 39、40 条的规定,对司法鉴定机构无正当理由不予接受司法鉴定委托的,司法行政机关可以根据情节轻重依法给予相应的行政处罚。

第十五条 具有下列情形之一的鉴定委托,司法鉴定机构不得受理:

(一)委托事项超出本机构司法鉴定业务范围的;

(二)发现鉴定材料不真实、不完整、不充分或者取得方式不合法的;

(三)鉴定用途不合法或者违背社会公德的;

(四)鉴定要求不符合司法鉴定执业规则或者相关鉴定技术规范的;

(五)鉴定要求超出本机构技术条件或者鉴定能力的;

(六)委托人就同一鉴定事项同时委托其他司法鉴定机构进行鉴定的;

(七)其他不符合法律、法规、规章规定的情形。

》》【释义】 本条是关于司法鉴定机构不得受理鉴定委托的情形的规定，目的是规范司法鉴定机构受理鉴定委托的行为，强调司法鉴定机构在某些情形下不得受理司法鉴定委托。

根据本条规定，司法鉴定机构在遇到以下七种情形时，不得接受委托开展鉴定活动：

1. 委托事项超出本机构司法鉴定业务范围的，司法鉴定机构不得受理。根据《全国人民代表大会常务委员会关于司法鉴定管理问题的决定》第9条第2款的规定，鉴定人和鉴定机构应当在鉴定人和鉴定机构名册注明的业务范围内从事司法鉴定业务。根据本通则第14条规定，司法鉴定机构应当对委托鉴定事项进行审查，只有对于属于本机构业务范围的，才能受理。明确规定不允许司法鉴定机构和鉴定人发生超范围执业行为，其核心要求是实施鉴定活动的人必须是具备相应资格的有能力的鉴定人，实施鉴定活动的司法鉴定机构必须是具有相应仪器、设施、设备条件并具备相应资格的鉴定机构。

2. 发现鉴定材料不真实、不完整、不充分或者取得方式不合法的，司法鉴定机构不得受理。鉴定材料是鉴定人开展鉴定活动的物质基础，对鉴定意见的最终形成具有决定性作用。司法鉴定机构依据本通则第14条的规定对鉴定材料进行审查，如果发现存在鉴定材料不真实、不完整、不充分或者取得方式不合法的，司法鉴定机构不得受理。

关于鉴定材料是否完整、充分，属于鉴定机构从自身鉴定能力水平的角度对鉴定材料的评价。如果认为鉴定材料不完整、不充分，不能满足鉴定需要的，可以依据本通则第14条的规定要求委托人补充；如果委托人拒绝补充，或者补充后仍然不能满足鉴定需要的，鉴定机构不得受理该项委托。

3. 鉴定用途不合法或者违背社会公德的，司法鉴定机构不得受理。如在亲子鉴定工作中，当事人带领未成年人到鉴定机构进行亲子鉴定，以确认未成年人与某人是否具有亲子关系，在未经监护人同意的情况下，这种鉴定委托侵害了未成年人的合法权益，危害家庭和谐和社会公序良俗。对于这类不合法的或者违背社会公德的鉴定委托，司法鉴定机构不得受理。

4. 鉴定要求不符合司法鉴定执业规则或者相关鉴定技术规范的，司法鉴定机构不得受理。司法鉴定是涉及诉讼的科学技术活动，有其科学性、客观性和规律性，必须遵循相应的执业规则，遵守鉴定技术规范和技术标准。委托鉴定事项确定后，如果委托人对鉴定程序、鉴定过程、鉴定技术方法等提出超出正常范围的要求，干预鉴定人正常的鉴定活动，暗示甚至要求司法鉴定机构出具特定的鉴定意见，则违反了司法鉴定的中立、客观、公正原则，鉴定机构不得受理。

5. 鉴定要求超出本机构技术条件或者鉴定能力的，司法鉴定机构不得受理。技术条件和鉴定能力主要是指司法鉴定机构现有鉴定人的技术能力水平、所具备的或者能够利用的仪器设备设施情况、鉴定机构后勤保障服务能力等。对于某个特定的鉴定机构，其技术能力和水平总是有限的，总会遇到一些复杂、疑难、特殊的鉴定事项，超出其技术能力、水平所能达到的范围。如在法医临床鉴定工作中，有时需要对被鉴定人的听觉功能、视觉功能或者性功能进行鉴定，这些鉴定活动不仅要求鉴定人具备相应的技术能力水平，还要求特殊的仪器设备，虽然鉴定机构具有法医临床鉴定资质，但如果不具备这些专门的鉴定人或者特殊的仪器设备，仍然不能受理此类鉴定。司法鉴定机构在依据本通则第 14 条的规定对鉴定事项进行审查时，要结合鉴定事项的复杂、疑难、特殊程度和本机构鉴定人能力水平、仪器设备情况，审慎作出本机构是否能够完成该鉴定事项的评价。一方面要防止司法鉴定机构大包大揽，受理超出本机构业务能力范围的鉴定委托，同时也要防止滥用本项规定，故意推诿拒绝受理在本机构业务能力范围内的鉴定委托。

6. 委托人就同一鉴定事项同时委托其他司法鉴定机构进行鉴定的，司法鉴定机构不得受理。实践中，委托人出于某种合理的或者不合理的目的，有时会就同一鉴定事项同时委托两个或者多个鉴定机构进行鉴定，这种做法常常会导致多种问题，影响司法鉴定的公信力。在诉讼活动中，遇有专门性问题需要鉴定的，根据我国诉讼法律规定，应当委托有资格的鉴定人进行鉴定，如果当事人对鉴定意见有异议，可以申请重新鉴定，或者申请鉴定人、专家证人出庭质证，但不应就同一鉴定事项同时委托多个鉴定机构进行鉴定。在诉讼活动之外，当事人同时委托多个鉴定机构进行鉴定，有时还会提供存在欺骗性的、不全面、不真实的鉴定材料，以期获得符合自身利益的特定的鉴定意见。

7. 其他不符合法律、法规、规章规定的情形，司法鉴定机构不得受理。根据本项规定，我国现行有效的法律或者法律性文件、行政法规、地方性法规、部门及地方政府规章，规定了司法鉴定机构不得受理鉴定委托的情形的，司法鉴定机构不得受理。

第十六条 司法鉴定机构决定受理鉴定委托的，应当与委托人签订司法鉴定委托书。司法鉴定委托书应当载明委托人名称、司法鉴定机构名称、委托鉴定事项、是否属于重新鉴定、鉴定用途、与鉴定有关的基本案情、鉴定材料的提供和退还、鉴定风险，以及双方商定的鉴定时限、鉴定费用及收取方式、双方权利义务等其他需要载明的事项。

>>>【释义】 本条是关于司法鉴定机构与委托人签订委托书的规定。

司法鉴定是司法鉴定机构和司法鉴定人向委托人提供鉴定意见的一种服务，这种服务既不是行政行为，也不属于审判职权范畴。委托人委托鉴定机构就某些专门性问题进行鉴别和判断，提出鉴定意见，从而拓展委托人对某个案件或有关事实情况的认知；司法鉴定机构接受委托，鉴定人利用自身掌握的科学技术知识和技能、仪器设备等，对有关鉴定材料进行检验、分析、判断，形成书面鉴定意见，交付委托人。委托双方需要以签订委托书的形式，明确权利义务关系，确保司法鉴定活动正常进行。诉讼实践活动中，司法鉴定机构收到办案机关出具的委托函或聘任书，且双方能够明确权利义务关系，确保司法鉴定活动正常进行的，可以视为已签订委托书。

根据2007年版《司法鉴定程序通则》规定，委托人拟委托鉴定的，应当向司法鉴定机构出具鉴定委托书；鉴定机构决定受理鉴定委托的，应当与委托人签订司法鉴定协议书，司法部于2007年印发《司法鉴定协议书（示范文本）》。修订后《司法鉴定程序通则》将原通则规定的委托书、协议书两种文书改为司法鉴定委托书一种文书。2016年11月，司法部印发了新的《司法鉴定委托书》等文书格式。

司法鉴定委托书的要素应当包括：

1. 委托人名称。在诉讼活动中，应当由办案机关委托鉴定。在民事诉讼活动中，虽然当事人可以申请鉴定、协商选择鉴定机构，但是决定和委托鉴定仍然是人民法院的工作，人民法院决定委托鉴定的，应当由人民法院与司法鉴定机构签订委托书。在诉讼活动之外，委托人可以是法人、组织、单位或者个人。司法部印发的《司法鉴定委托书》文书格式同时要求填写委托人的联系人姓名、电话、联系地址、承办人等信息。

2. 司法鉴定机构名称。包括机构名称、住所地址（邮编）、联系人、联系电话等信息。

3. 委托鉴定事项。即委托人委托的需要解决的专门性问题。对于有些专门性问题，可能有多种技术手段可以解决。为使委托鉴定事项与鉴定机构许可的业务范围相一致，鉴定机构可以与委托人协商确定委托鉴定事项的表述方式。

4. 是否属于重新鉴定。如果所委托的鉴定属于重新鉴定，意味着存在鉴定案件可能属于复杂、疑难案件，或者有争议的案件。鉴定机构在接受委托、进行鉴定的时候，需要予以特别的关注。所谓重新鉴定，是指在诉讼活动中或者诉讼活动之外，已经委托司法鉴定机构（包括经司法行政机关审核登记的司法鉴定机构和侦查机关所属的司法鉴定机构）就同一鉴定事项进行鉴定，并出具过司法鉴定意见书的情况。

5. 鉴定用途。在诉讼活动中，委托鉴定是办案机关为了查明案情，弥补司法人员专业知识的局限性，拓展他们对案件事实认知能力的需要。在诉讼活动之外，行政执法、仲裁、调解、公证、保险理赔等部门委托鉴定，也是为了明确事实，为解决问题提供依据；当事人自行委托的鉴定，大多是为了了解或确定某些特定的问题，为主张自己的权益做准备。

6. 与鉴定有关的基本案情。《民事诉讼法》第 77 条、本《通则》第 24 条都规定，鉴定人有权了解进行鉴定所需要的案件材料，可以查阅、复制相关资料，必要时可以询问诉讼当事人、证人。鉴定人实施鉴定，自然有权了解相关的案情和案件材料，否则将无从履行鉴定职责。比如，在因伤害而造成的损伤程度鉴定（或称为伤情鉴定）时，鉴定人就有权了解纠纷发生时的情况，并查看当事人受伤后治疗情况的有关材料。因此，委托人委托鉴定时，应当客观、详实地提供与鉴定有关的基本案情，以便鉴定人开展鉴定工作。

但同时应当注意，科学性是司法鉴定的本质属性，鉴定人是利用科学技术和专门知识，通过对鉴定材料的检验鉴定、科学分析，从而提出鉴定意见。因此，鉴定人只需了解与鉴定有关的基本案情，而对于与鉴定无关的案情无须了解，避免受案情影响，形成先入为主的判断，影响鉴定活动的科学性、客观性。

7. 鉴定材料的提供和退还。鉴定材料是鉴定的对象，是鉴定意见赖以产生的重要基础。根据本通则第 14、15 条的规定，司法鉴定机构应当对鉴定材料的真实性、合法性、完整性、充分性等方面进行审查，只有鉴定材料符合条件、满足鉴定需要的，才能受理。有的鉴定材料本身也是诉讼中重要的实物证据，或者本身具有重要的价值、对当事人具有特殊的意义，需要鉴定人加以妥善保存、使用，防止丢失或损坏。

因此，在司法部印发的《司法鉴定委托书》文书格式的"鉴定材料"一项，应当记录鉴定机构所收到的鉴定材料的名称、种类、数量、性状、保存状况、收到时间等，如果鉴定材料较多，应当另附《鉴定材料清单》。

在司法鉴定委托书中，委托人与鉴定机构还应当对鉴定材料进行约定，如鉴定工作完成后是否需要退还鉴定材料，鉴定材料是否会因鉴定需要而损坏、耗尽，保管和使用鉴定材料有没有特殊的要求，对剩余鉴定材料如何处理等。

8. 鉴定风险。委托人、当事人有时会对司法鉴定有较高的期望，认为司法鉴定一定能够解决案件涉及的问题，期望能够得到有利于己方的鉴定意见并且能够被办案机关采信。事实上，司法鉴定实质上是一项科学技术活动，是由鉴定人运用科学技术或者专门知识对诉讼涉及的专门性问题进行鉴别和判断的活动，由于种种原因，鉴定意见也有不准确、不可靠的情形，或者无法得到肯定性意见，甚至无法得出明确意见的情形。为帮助委托人、当事人正确认识和看待司法鉴定活动，避免不必要的纠纷，委托书中司法鉴定机构应当告知鉴定相关的风险因素。在司法部印发的《司法鉴定委托书》文书格式中，列出了 3 条风险提示：①鉴定意见属于专家的专业意见，是否被采信取决于办案机关的审查和判断，鉴定人和鉴定机构无权干涉；②由于受鉴定材料或者其他因素限制，并非所有的鉴定都能得出明确的鉴定意见；③鉴定活动遵循依法独立、客观、公正的原则，只对鉴定材料和案件事实负责，不会考虑是否有利于任何一方当事人。实践中，司法鉴定机构可以根据鉴定案件的具体情况，增加其他风险告知内容，有必要的，可另行签订风险告知书。

9. 鉴定时限。本通则第 28 条的规定，司法鉴定机构应当自司法鉴定委托书生效之日起 30 个工作日内完成鉴定。鉴定事项涉及复杂、疑难、特殊技术问题或者鉴定过程需要较长时间的，经本机构负责人批准，完成鉴定的时限可以延长，延长时限一般不得超过 30 个工作日。鉴定时限延长的，应当及时告知委托人。司法鉴定机构与委托人对鉴定时限另有约定的，从其约定。根据这一规定，司法鉴定一般应当在 30 个工作日内完成，但如果委托人要求鉴定机构在更短时间内完成委托的鉴定事项，或者受到鉴定活动本身规律性、鉴定材料等因素的影响，鉴定机构认为需要更长的鉴定周期的，需要双方共同协商确定完成鉴定的时限，并在《司法鉴定委托书》中予以明确。例如，司法鉴定机构应当于某个确定的日期之前完成鉴定，或者在司法鉴定委托书生效之日起一定时间内完成鉴定并提交司法鉴定意见书。同时需要说明的是，根据通则第 28 条的规定，在鉴定过程中补充或者重新提取鉴定材料所需的时间，不计入鉴定时限。

10. 鉴定费用及收取方式。在诉讼活动中和诉讼活动之外，司法鉴定机构为委托人提供鉴定服务，应当收取一定的鉴定服务费用。国家对于司法鉴定服务收费实行政府定价或者政府指导价，《全国人民代表大会常务委员会关于司法鉴定管理问题的决定》第 15 条规定，司法鉴定的收费标准由省、自治区、直辖市人民政府价格主管部门会同同级司法行政部门制定。本通则第 8 条规定，司法鉴定收费执行国家有关规定。司法鉴定机构应当按照本省（区、市）价格主管部门和司法行政部门的有关规定收取司法鉴定费和其他相关费用。

在司法鉴定机构开始提供鉴定服务前，委托人需要了解所需支付的费用情况，双方经沟通、协商，对鉴定费用和其他相关费用达成一致意见的基础上，签订《司法鉴定委托书》，列出费用计算依据和计算方式；概算的鉴定费和其他费用，其中其他费用应尽量列明所有可能的费用，如现场提取鉴定材料时发生的差旅费等；费用收取方式、结算方式，如预收、后付或按照约定方式和时间支付费用；退还鉴定费的情形等。

值得注意的是，在民事诉讼活动中，司法鉴定的委托人是人民法院，签订委托书的双方是人民法院和司法鉴定机构，而不是当事人，但多数情况下支付司法鉴定费用的是当事人。因此，为避免鉴定完成后发生不必要的纠纷，司法鉴定机构应当通过人民法院事前让当事人了解鉴定费用的有关情况。

11. 双方权利义务。鉴定服务作为一种特殊的服务，在提供过程中受到多种因素的限制或影响，如司法鉴定机构不得无故拒绝接受委托；鉴定机构不能仅依据成本、市场供求关系等随意收取鉴定服务费用，而必须执行国家有关规定；在诉讼活动中，鉴定人应当按照人民法院的通知出庭质证，等等。在鉴定业务活动中，委托人和司法鉴定机构认为还有哪些需要明确的权利义务关系，都可以在司法鉴定委托书中予以明确。

12. 其他需要载明的事项。在一个具体的鉴定案件中，委托人可能会有一些特殊的、具体的要求，而鉴定机构可能会有一些特别需要说明的事项。双方在协商的基础上，也可以将这些内容写进司法鉴定委托书。

第十七条 司法鉴定机构决定不予受理鉴定委托的，应当向委托人说明理由，退还鉴定材料。

>>>**【释义】** 本条是关于司法鉴定机构对不予受理的鉴定委托应当如何处理的规定。

根据本条规定，司法鉴定机构按照本通则第 14、15 条的规定对委托人的鉴定委托进行审查，对符合条件的，予以受理；对决定不予受理的鉴定委托，应当向委托人说明理由，并退还鉴定材料。

司法鉴定机构作出不予受理鉴定委托的决定，一般主要基于本通则第 14 条和第 15 条的规定。根据本通则第 14 条的规定，司法鉴定机构认为鉴定材料不完整、不充分，不能满足鉴定需要，要求委托人进行补充，委托人补充后仍然不能满足鉴定需要的，不予受理；根据本通则第 15 条规定，司法鉴定委托具有所列 7 种情形之一的，不予受理。

司法鉴定机构作出不予受理的决定的，应当及时向委托人说明理由。所谓理由，就是司法鉴定机构不予受理委托的主要依据，应当充分、合理。关于说明理由的方式，通则没有作具体规定，实践中可以采用口头说明、电子邮件或者书面告知等方式，委托人要求书面说明理由的，司法鉴定机构应当出具相关书面材料。

本章共 18 条，对司法鉴定机构和司法鉴定人实施鉴定的基本程序作出规定。根据本章规定，司法鉴定机构接受委托后，应当确定本机构的符合资质条件和回避条件的鉴定人具体实施鉴定。鉴定过程中，应当严格鉴定材料管理，依照规定采用技术标准、技术规范和技术方法；对于需要现场提取鉴定材料、需要对特殊人群进行鉴定的，应当符合相应的要求；鉴定人要按照规定全程记录鉴定过程，一般应在 30 个工作日内完成鉴定。本章对重新鉴定、补充鉴定的情形和相关要求作出了规定，并规定鉴定机构应当对鉴定人的鉴定程序和鉴定意见进行复核。

第十八条 司法鉴定机构受理鉴定委托后，应当指定本机构具有该鉴定事项执业资格的司法鉴定人进行鉴定。

委托人有特殊要求的，经双方协商一致，也可以从本机构中选择符合条件的司法鉴定人进行鉴定。

委托人不得要求或者暗示司法鉴定机构、司法鉴定人按其意图或者特定目的提供鉴定意见。

〖释义〗 本条是鉴定人选任和委托人不得干预鉴定

活动的规定。

本条第1款规定了鉴定机构直接指定鉴定人的鉴定人选任方式。《全国人民代表大会常务委员会关于司法鉴定管理问题的决定》第9条规定，鉴定人从事司法鉴定业务，由所在鉴定机构统一接受委托；本通则第11条规定，司法鉴定机构应当统一受理办案机关的司法鉴定委托。因此，司法鉴定机构应当统一接受司法鉴定委托，而不能由鉴定人私下直接接受委托。对于委托鉴定事项，司法鉴定机构经过审查后，决定受理鉴定委托的，应当选任鉴定人完成鉴定。根据本款规定，对于一个鉴定委托事项，司法鉴定机构可以根据委托鉴定的事项和要求，结合本机构业务总体情况和鉴定人的专业特点、知识水平，直接指定鉴定人进行鉴定。指定的鉴定人应当至少符合两项要求：①应当是登记在本机构执业的鉴定人；②具有该鉴定事项执业资格，即具有与委托鉴定事项相符合的执业资格。

确定司法鉴定人开展司法鉴定活动的主体应当是司法鉴定机构，指定的对象应当是本机构内具有该鉴定事项执业资格的司法鉴定人。参与审查的司法鉴定人能够提前了解情况，对于案件情况也较为熟悉，如无特殊原因，司法鉴定机构可以指定进行审查的司法鉴定人进行鉴定，但对此并无硬性要求。在实行鉴定人负责制的同时，由司法鉴定机构指定司法鉴定人，增强鉴定机构对鉴定活动的监督、管理责任，有利于强化对鉴定人的监管，确保鉴定质量。

根据本条第2款的规定，如果委托人在委托鉴定时，对鉴定人的选任有特殊要求，可以与鉴定机构就鉴定人的选任进行协商，根据协商的情况，由鉴定机构确定鉴定人进行鉴定。如，实践中有些诉讼涉及的专门性问题属于疑难、复杂问题，或者案件具有重大社会影响，委托人、当事人希望由符合特定条件的司法鉴定人进行鉴定。委托人对司法鉴定人有特殊要求，应当与司法鉴定机构进行协商，在双方协商一致的前提下，由司法鉴定机构确定司法鉴定人进行鉴定，但最终指定司法鉴定人的主体仍是司法鉴定机构，双方协商确定的司法鉴定人也必须符合本条第1款规定的条件，即"本机构具有该鉴定事项执业资格的司法鉴定人"。

本条第3款是对委托人的禁止性规定。司法鉴定意见以其科学性、专业性及客观性在证据体系中发挥作用，保持客观是对司法鉴定意见的本质要求。无论是办案机关还是当事人，都不能对鉴定机构和鉴定人实施技术上的干预，不能影响司法鉴定人独立、公正地进行鉴定，更不能强迫、要求或者暗示司法鉴定机构、司法鉴定人按其意图或者特定目的提供鉴定意见，作出某种不真实的倾向性结论；而司法鉴定人应当客观、如实地以科学技术手段及其专门知识进行鉴定，只能就案件中的专门性问题作出结论，不能就法律适用问题作出结论。

实践中，如果委托人对鉴定机构施加压力，要求出具不客观、不公正的鉴定意见，司法鉴定机构应当坚持原则，客观公正地进行鉴定。如果司法鉴定机构认为委托人的要求或暗示，明显干扰并影响到司法鉴定活动正常开展的，司法鉴定机构应当拒绝受理该鉴定委托，对已经受理的，可以终止鉴定，也可以向委托人的上级部门或者检察机关报告。

第十九条 司法鉴定机构对同一鉴定事项，应当指定或者选择二名司法鉴定人进行鉴定；对复杂、疑难或者特殊鉴定事项，可以指定或者选择多名司法鉴定人进行鉴定。

>>>【释义】 本条是关于实施鉴定应当确定的鉴定人人数的规定。

根据本条规定，对同一鉴定事项，司法鉴定机构应当确定（包括直接指定和经与委托人协商后选定）至少2名司法鉴定人进行鉴定。作出这一规定，主要有两方面的考虑：一是弥补一名鉴定人能力或经验不足，通过在鉴定过程中的沟通、交流，共同研究，相互印证，增强鉴定能力，提高鉴定意见的科学性；二是发挥鉴定人之间相互监督、相互制约的作用，防止权势、人情、金钱的干扰，保障鉴定过程的中立、客观，提高鉴定意见的可信度和公信力。

2名或多名鉴定人对同一鉴定事项进行鉴定，一方面，并不是要求参与鉴定的所有鉴定人必须参与鉴定的每个环节，如提取鉴定材料由1名鉴定人和1名鉴定机构工作人员即可，但对于鉴定过程的重要环节所有鉴定人都应当参与，如法医精神病鉴定过程中，所有鉴定人都应面见被鉴定人。至于实践中哪些鉴定活动应当由2名或者多名鉴定人同时或者先后实施，可以由各级司法行政机关或者司法鉴定协会根据实践情况作出具体要求。另一方面，也并不是要求每名鉴定人分别、独立地实施鉴定，鉴定人可以采取分工合作的形式开展鉴定工作，保持沟通交流，互相配合，完成鉴定工作，最后经讨论形成鉴定意见。参与鉴定的司法鉴定人都可以提出自己的意见、观点，鉴定意见不一致的，可以进一步沟通、交换意见，仍不能达成一致意见的，按照诉讼法、《全国人民代表大会常务委员会关于司法鉴定管理问题的决定》和本通则的规定，在鉴定意见书中注明。

复杂、疑难案件或者特殊鉴定事项对于司法鉴定人的专业知识及运用能力的要求较高，有些甚至涉及多个专业领域，需要司法鉴定机构在选任鉴定人时更加慎重，可以选择鉴定水平高、经验丰富的鉴定人，也可以增加鉴定人数，确保鉴定意见客观公正、增强鉴定意见的专业性和准确度，提出更加可靠、可信的鉴定意见。

第二十条 司法鉴定人本人或者其近亲属与诉讼当事人、鉴定事项涉及的案件有利害关系，可能影响其独立、客观、公正进行鉴定的，应当回避。

司法鉴定人曾经参加过同一鉴定事项鉴定的，或者曾经作为专家提供过咨询意见的，或者曾被聘请为有专门知识的人参与过同一鉴定事项法庭质证的，应当回避。

》》》【释义】 本条是关于鉴定人应当回避的情形的规定。

本通则第 7 条对鉴定人实行回避制度作了总体规定，司法鉴定人在执业活动中应当依照有关诉讼法律和本通则规定实行回避。

本条分为两款。第 1 款是有关回避情形的总体规定，第 2 款是有关回避特殊情形的规定。

根据第 1 款的规定，如果鉴定人或者其近亲属与当事人或者鉴定涉及案件有利害关系，而这种利害关系很可能会对鉴定过程和结果的独立、客观、公正等造成影响，该鉴定人就应当回避。虽然这种利害关系有时并不会影响鉴定人公正、客观实施鉴定并出具鉴定意见，但只要存在利害关系，鉴定人就应当回避。

根据有关法律规定，存在以下七种情形之一的，鉴定人应当回避，当事人也有权申请鉴定人回避：①司法鉴定人是本案的当事人或者是当事人、诉讼代理人的近亲属；②司法鉴定人或者其近亲属与本案有利害关系。所谓利害关系，是指本案的处理结果会涉及鉴定人或者其近亲属在法律上的利益；③司法鉴定人担任过本案侦查人员、检察人员、陪审员、辩护人、诉讼代理人、证人、翻译人员的；④司法鉴定人索取、接受本案当事人及其委托的人的财物或者其他利益；⑤司法鉴定人向本案当事人及其委托的人借用款物的；⑥司法鉴定人及其近亲属与委托鉴定事项有其他关系，可能影响独立、客观、公正进行鉴定的；⑦根据法律法规规定，其他应当回避的情形。

关于近亲属的范围，根据三大诉讼法的广义规定，包括配偶、父母、子女、兄弟姐妹、祖父母、外祖父母、孙子女、外孙子女和其他具有扶养、赡养关系的亲属。与司法鉴定人有上述关系的，均为司法鉴定人近亲属。

第2款进一步明确了司法鉴定人应当回避的几类特殊情况：①参加过同一鉴定事项鉴定的，这是指该鉴定人在该鉴定事项的鉴定中曾作为鉴定人进行鉴定的情形；②作为专家提供过咨询意见的，这主要是指鉴定人以专家身份为原进行司法鉴定的机构提供咨询意见、参加过会诊等；③司法鉴定人曾被聘请为有专门知识的人参加过同一鉴定事项法庭质证的，包括作为有专门知识的人对鉴定意见进行质证，也应当包括作为人民陪审员参与过法庭审理，在形式上，包括于法院庭审当日出庭参加质证，也包括以书面形式就鉴定意见向法庭发表看法。

值得指出的是，本通则关于对鉴定人的回避也适用于鉴定机构的其他工作人员，如鉴定人助理等，如果他们存在本条规定的应当回避的情形，也应当回避，不能参与鉴定活动，包括提取鉴定材料、进行试验、测量、记录、整理数据、起草报告等。

第二十一条 司法鉴定人自行提出回避的，由其所属的司法鉴定机构决定；委托人要求司法鉴定人回避的，应当向该司法鉴定人所属的司法鉴定机构提出，由司法鉴定机构决定。

委托人对司法鉴定机构作出的司法鉴定人是否回避的决定有异议的，可以撤销鉴定委托。

>>>>【释义】 本条是关于司法鉴定人回避的程序规定。

根据本通则第 20 条的规定，司法鉴定人本人或者其近亲属与诉讼当事人、鉴定事项涉及的案件有利害关系，可能影响其独立、客观、公正进行鉴定的，应当回避。回避分为鉴定人自行回避和委托人要求回避。鉴定人自行回避，是指承办案件的鉴定人和其他工作人员，有本通则第 20 条规定情形的，应当自动退出本案的鉴定活动。鉴定人和其他工作人员在有法律规定的回避情形时，应当自觉、主动地提出回避的请求，不能借口委托人、当事人没有提出申请而继续参加本案的鉴定。委托人要求回避，是指委托人发现鉴定人或者其他工作人员有本通则第 20 条规定情形的，申请鉴定人或相关工作人员回避。诉讼当事人在鉴定人选任或者鉴定过程中发现鉴定人或其他工作人员存在应当回避的情形的，应当向委托人提出，由委托人向鉴定机构提出要求。

司法鉴定机构在收到鉴定委托后，应当告知委托人有申请回避的权利，并将鉴定人的相关情况及时告知委托人。委托人提出回避要求，可以在鉴定人选任阶段提出，也可以在鉴定过程中提出。委托人提出回避要求后，鉴定机构应当进行审查，根据审查情况作出是否同意鉴定人或相关人员回避的决定。委托人在鉴定过程中提出回避要求的，在鉴定机构作出是否回避的决定前，被申请回避的鉴定人或者其他工作人员应当暂停参与鉴定工作，暂停的时限不应计入鉴定时限，但鉴定机构应当尽快作出是否回避的决定。鉴定过程中，鉴定机构决定鉴定人应当回避的，应当重新选任鉴定人，鉴定应当时限重新计算。

根据本条第 2 款的规定，鉴定机构作出鉴定人是否应当回避的决定后，委托人有异议的，可以撤销鉴定委托。如，当事人认为鉴定人存在违反规定会见另一方当事人，接受请客送礼，向委托人提出该鉴定人应当回避，委托人向鉴定机构提出要求，鉴定机构经过审查，认为鉴定人不存在应当回避的情形，决定鉴定人不予回避，继续实施鉴定。委托人对此持不同意见的，可以撤销鉴定委托，另行委托其他鉴定机构进行鉴定。

根据本条规定，决定回避的主体是司法鉴定机构，因此，对于司法鉴定人是否需要回避的决定，由其所属司法鉴定机构做出。对于具体的决定权和程序，司法鉴定机构应当根据实际情况，在本通则及相关法律法规框架下制定相关规定，落实回避制度。

第二十二条 司法鉴定机构应当建立鉴定材料管理制度，严格监控鉴定材料的接收、保管、使用和退还。

司法鉴定机构和司法鉴定人在鉴定过程中应当严格依照技术规范保管和使用鉴定材料，因严重不负责任造成鉴定材料损毁、遗失的，应当依法承担责任。

>>>>【释义】 本条是关于鉴定机构和鉴定人应当严格接收、保管、使用、归还鉴定材料的规定。

根据本通则第12条的规定，鉴定材料包括生物检材和非生物检材、比对样本材料以及其他与鉴定事项有关的鉴定资料。鉴定材料是鉴定人赖以作出鉴定意见的基础，有的鉴定材料本身也是诉讼中的重要证据，具有唯一性或者不可替代性，有的还具有重要价值或者对当事人具有特殊意义，因此，需要鉴定机构和鉴定人严肃认真地对待鉴定材料。

根据本条第1款规定，司法鉴定机构应当建立关于鉴定材料管理的专门制度，对严格监控鉴定材料的接收、保管、使用、退还等环节作出规定，明确鉴定材料接收、保管、内部流转、使用、存储、退还、处置的方式、方法和程序，对鉴定材料的现场提取、内部标识、流转使用记录、保密、监控等作出规定，明确经办人员和操作人员的具体岗位责任要求，目的是确保鉴定材料的安全、有效、正确使用和处置。

司法鉴定机构对鉴定材料的管理要求应当包括，有用于鉴定材料的运输、接收、处置、保护、存储、保留和清理的程序；有鉴定材料的识别系统，鉴定材料在鉴定的整个过程应保留该标识。标识系统的设计和使用应确保鉴定材料不会在实物上或在记录和其他文件中混淆；在接收鉴定材料时，应记录异常情况或偏离。当对鉴定材料是否适合于检测存有疑问时，鉴定机构应在开始工作之前问询委托人，以得到进一步的说明并记录讨论的内容；应制定程序，并使用适当的设施以防止样品在存储、处置和准备过程中发生退化、丢失或损坏。当样品需要在规定的条件下存放时，应维持、监控和记录这些条件。

本条第 2 款规定，司法鉴定机构和司法鉴定人在鉴定过程中应当严格依照技术规范保管和使用鉴定材料，因严重不负责任造成鉴定材料损毁、遗失的，应当依法承担责任。不同的鉴定材料，对于保管和使用的要求不同，有各自相应的技术规范或要求，司法鉴定机构和司法鉴定人应当严格遵循这些技术规范或要求，防止鉴定人或者鉴定机构由于疏忽大意、管理混乱等原因，造成鉴定材料、丢失、损毁、污染等。

在保管和使用鉴定材料方面，司法鉴定人其职责主要包括：依照技术规范或要求确定有关鉴定材料保管所必备的硬件配套要求，在鉴定过程中严格依照技术规范保管、使用鉴定材料，并严格执行相关内部管理制度。司法鉴定机构其职责主要包括：根据有关鉴定材料保管的要求方面，在设施、硬件配套和人员配置等方面提供必需的资源保障，确保鉴定材料的保管和使用能持续满足技术规范和鉴定工作的要求，建立完善的鉴定材料管理制度，确保各岗位人员的能力符合相关工作要求，并对其工作情况实施有效的监控。

实践中，导致鉴定材料损毁、遗失的原因有很多，有时是由于不可抗力的因素，有时是由于司法鉴定机构和司法鉴定人严重不负责任造成的。如果是由于严重不负责任造成的，司法鉴定机构和司法鉴定人应当依法承当相应的法律责任，给当事人合法权益造成重大损失的，司法行政机关应当依照《全国人民代表大会常务委员会关于司法鉴定管理问题的决定》第 13 条的规定，给予停止从事司法鉴定业务 3 个月以上 1 年以下的处罚；情节严重的，撤销登记。

第二十三条 司法鉴定人进行鉴定，应当依下列顺序遵守和采用该专业领域的技术标准、技术规范和技术方法：

（一）国家标准；

（二）行业标准和技术规范；

（三）该专业领域多数专家认可的技术方法。

>>>**【释义】** 本条是关于司法鉴定技术标准、技术规范、技术方法的规定。

司法鉴定标准是对诉讼中涉及的专门性问题作出鉴别和判断的根本依据。遵守司法鉴定标准和技术操作规范，是鉴定人和鉴定机构的一项重要义务。

根据《标准化法》的规定，标准包括国家标准、行业标准、地方标准和团体标准、企业标准。国家标准分为强制性标准、推荐性标准，行业标准、地方标准是推荐性标准。强制性标准必须执行。国家鼓励采用推荐性标准。依据《标准化法》规定，对保障人身健康和生命财产安全、国家安全、生态环境安全以及满足经济社会管理基本需要的技术要求，应当制定强制性国家标准。国务院有关行政主管部门依据职责负责强制性国家标准的项目提出、组织起草、征求意见和技术审查。强制性国家标准由国务院批准发布或者授权批准发布；对满足基础通用、与强制性国家标准配套、对各有关行业起引领作用等需要的技术要求，可以制定推荐性国家标准。推荐性国家标准由国务院标准化行政主管部门制定；对没有推荐性国家标准、需要在全国某个行业范围内统一的技术要求，可以制定行业标准；为满足地方自然条件、风俗习惯等特殊技术要求，可以制定地方标准；国家鼓励学会、协会、商会、联合会、产业技术联盟等社会团体协调相关市场主体共同制定满足市场和创新需要的团体标准，由本团体成员约定采用或者按照本团体的规定供社会自愿采用；企业可以根据需要自行制定企业标准，或者与其他企业联合制定企业标准。

《标准化法》规定，国家支持在重要行业、战略性新兴产业、关键共性技术等领域利用自主创新技术制定团体标准、企业标准。推荐性国家标准、行业标准、地方标准、团体标准、企业标准的技术要求不得低于强制性国家标准的相关技术要求。国家鼓励社会团体、企业制定高于推荐性标准相关技术要求的团体标准、企业标准。

标准包括判断标准和操作标准。判断标准即判断依据、作出判断的根据。在法医临床鉴定活动中，判定被害人的损伤程度属于轻微伤、轻伤还是重伤，要严格依据《人体损伤程度鉴定标准》的规定进行鉴定、作出判断。如经观察和测量，认定被害人双手离断、缺失或者功能完全丧失的，依据《人体损伤程度鉴定标准》第 5.10.1a 条，可鉴定被害人的损伤程度为重伤一级。操作标准即鉴定人在实施鉴定时应遵循的规程，包括操作技术规范和技术方法。《全国人民代表大会常务委员会关于司法鉴定管理问题的决定》第 12 条规定，鉴定机构和鉴定人从事司法鉴定业务，应当遵守技术操作规范。对诉讼中的专门性问题进行司法鉴定是一项具有高度技术性的工作。不同的鉴定种类和鉴定项目，都有各自的技术操作规范和操作程序。技术操作规范对于保证鉴定意见的准确性具有决定性的作用。如果不严格遵守司法鉴定的技术操作规范，很难保证鉴定意见的科学性和准确性，从而影响案件裁决的正确性。

人民法院对于违反技术操作规范，可能影响鉴定意见准确性的，应当不予以采纳，在必要时可以重新鉴定。实践中，有些标准既包括了判断标准，也包括技术操作标准。如《人体损伤程度鉴定标准》既包括判断伤情的标准，也包括鉴定时机、方式等鉴定操作要求。

根据本条规定，司法鉴定人进行鉴定，应当依顺序遵守和采用该专业领域的技术标准、技术规范和技术方法，有国家标准的采用国家标准；没有国家标准的采用行业标准和技术规范；没有国家标准、行业标准和技术规范的，采用该专业领域多数专家认可的技术方法。

国家标准由国家标准化主管机构组织制定和批准，分为强制性国标（GB）和推荐性国标（GB/T）。

行业标准由国务院有关行政主管部门制定报国务院标准化行政主管部门备案。不同专业鉴定在进行鉴定时，可以采用各行业主管部门制定的行业标准。

技术规范主要是指司法部或其他有关部门颁布的司法鉴定技术规范。

根据《标准化法》的规定，国家鼓励积极采用国际标准。

新《通则》删除了原《通则》第22条中鉴定机构可以使用自行制定的标准的规定，以防止少数鉴定机构将未经相关程序严格论证的方法不负责任地用于司法鉴定实践。

准确理解本条的含义，还应当注意把握：

1. 对鉴定方法遵守和采用的顺序不能片面或机械性地去理解，遵守该顺序规则的必要前提是国家标准、行业标准和技术规范、技术方法都适用于具体鉴定案例的鉴定条件和要求，在此前提条件成立情况下遵守该顺序规则，其目的是尽可能规避鉴定方法存在的风险问题。当国家标准、行业标准和技术规范、技术方法对具体鉴定案例存在适用性差异时，特别是下一级的行业标准、技术规范或技术方法更适宜于具体个案鉴定工作时，选用最适宜的鉴定方法应是首选考虑的，否则鉴定质量就无法保证。对于上述情形，在委托受理时应告知委托人并获得其确认，在鉴定过程中出现该情况的应及时通知委托人并记录沟通结果。

2. 司法鉴定机构在鉴定方法管理中应承担的管理责任。在正式使用国家标准、行业标准和技术规范前，应组织验证能够正确地运用这些鉴定方法并保留验证记录。如果鉴定方法发生了变化，应重新进行验证。鉴定机构应确保司法鉴定人使用鉴定方法的最新有效版本。

3. 对本条款中"该专业领域多数专家认可的技术方法"的理解。"多数专家认可"的含义是指本专业领域一定数量的、具有代表性的专家对某项技术方法科学性的确认。实践中应当由地（市）级以上司法行政、科技、环境等政府相关主管部门组织或授权行业协会、第三方专业评价机构等按照一定程序，组织技术水准和相关学识等方面具有代表性的专家，对某项技术方法进行论证，并在规定或相应范围内公示后予以确认，以确保技术方法的科学性、可靠性。

国家标准、行业标准、技术规范和技术方法在引入鉴定工作之前，鉴定机构应证实能够正确地运用这些鉴定方法并保留证实鉴定方法的记录。鉴定方法发生了变化，鉴定机构应重新进行证实。鉴定机构应确保使用的鉴定方法是最新有效版本。

当鉴定机构只能使用多数专家认可的方法时，应与委托人达成协议并遵守协议内容。鉴定机构在使用该技术方法前应经过适当的确认以证实该方法适用于预期的用途，并保留确认记录。

> **第二十四条**　司法鉴定人有权了解进行鉴定所需要的案件材料，可以查阅、复制相关资料，必要时可以询问诉讼当事人、证人。
>
> 经委托人同意，司法鉴定机构可以派员到现场提取鉴定材料。现场提取鉴定材料应当由不少于二名司法鉴定机构的工作人员进行，其中至少一名应为该鉴定事项的司法鉴定人。现场提取鉴定材料时，应当有委托人指派或者委托的人员在场见证并在提取记录上签名。

>>>【释义】 本条是关于鉴定人权利和现场提取鉴定材料要求的规定。

本条第 1 款是《民事诉讼法》第 77 条第 1 款的规定。司法鉴定所依据的案件材料是开展司法鉴定活动必不可少的组成部分，全面充分的鉴定材料是司法鉴定人运用科学手段还原事实真相的基础，深入了解与鉴定相关的案件情况，有利于确保鉴定意见的客观公正。为保障鉴定人能够及时、顺利地开展鉴定活动，本条第 1 款明确规定，鉴定人有权了解进行司法鉴定所需要的案件材料，必要时可以询问当事人、证人。

鉴定人实施鉴定，必然需要了解鉴定所需的案件材料，否则将无法进行鉴定。委托人在委托司法鉴定时，应当提供鉴定所需的相关材料，对于委托人未提供的，司法鉴定人可以通过查阅、复制或与诉讼当事人、证人交谈的形式进行了解，以便全面充分了解鉴定相关的案件情况，保证鉴定意见的准确公正。比如，伤情（损伤程度）鉴定时，鉴定人就有权了解当时纠纷发生时的情况，并查看当事人受伤后治疗情况的有关材料。只要鉴定需要，即使某些材料涉及国家秘密、商业秘密或个人隐私，经办案机关许可，鉴定人也有权了解。有关当事人在诉讼上应当根据鉴定人的要求，将其掌握或控制的所有鉴定活动所必需的物件材料和其他相关资料交予鉴定人。对诉讼卷宗和存于法院的证物，也应允许鉴定人利用。出于鉴定需要，鉴定人经过人民法院的许可，还可以向当事人、证人询问与鉴定有关的情况。

本条第2款规定了司法鉴定机构现场提取鉴定材料的程序规范。本通则第12条规定，委托人委托鉴定的，应当向司法鉴定机构提供真实、完整、充分的鉴定材料，并对鉴定材料的真实性、合法性负责。一方面，委托人在提供鉴定材料过程中，由于有些鉴定材料的特殊性，无法向鉴定机构直接提交，而是需要鉴定人到现场提取。另一方面，鉴定人在鉴定过程中，发现现有鉴定材料不能满足需要，需要到现场提取。根据本款规定，鉴定人到现场提取鉴定材料的，必须经委托人同意，而不能擅自到现场提取。其原因在于，鉴定材料是鉴定人作出鉴定意见的重要依据材料，鉴定人进行鉴定所使用的鉴定材料必须是经委托人认可的鉴定材料。如果鉴定人在委托人不知情或不同意的情况下，自行提取鉴定材料，可能引起当事人、委托人对鉴定材料真实性、合法性的争议，产生不必要的矛盾纠纷。

本款规定，现场提取鉴定材料应当由不少于2名司法鉴定机构的工作人员进行，其中至少1名应为该鉴定事项的司法鉴定人。相对于原通则第24条第4款"对需要到现场提取检材的，应当由不少于二名司法鉴定人提取”的规定，调整对象从检材扩大到鉴定材料，即不仅是检材，即使是现场提取样本材料，也需要遵循本条规定；对实施现场提取鉴定材料的人员，从“不少于二名司法鉴定人”调整为“不少于二名司法鉴定机构的工作人员”，“其中至少一名应为该鉴定事项的司法鉴定人”，要求更加明确、具体。

本款同时规定，鉴定人现场提取鉴定材料时，应当有委托人指派或者委托的人员在场见证并在提取记录上签名。作出这一规定，也是为了进一步确保获取鉴定材料的合法性，以证明鉴定机构提取的是经过委托人认可的鉴定材料。实践中，委托人由于多种原因不能派员到提取鉴定材料现场的，可以委托其他人员在提取鉴定材料的现场签名、确认。如在文书鉴定活动中，鉴定人到银行部门提取签名样本时，鉴定委托人可以委托银行工作人员在鉴定人现场提取鉴定材料的记录上签名。此处关于签名的要求，可以是亲笔签名，也可以是电子签名，也可以是盖章，包括个人章或者单位公章。

司法鉴定人通过查阅、复制相关资料，询问当事人、证人或现场提取等方式获取鉴定相关材料后，应当根据本通则相关规定，记录鉴定材料的名称、种类、数量、性状、保存状况、收到时间等。

第二十五条　鉴定过程中，需要对无民事行为能力人或者限制民事行为能力人进行身体检查的，应当通知其监护人或者近亲属到场见证；必要时，可以通知委托人到场见证。

对被鉴定人进行法医精神病鉴定的，应当通知委托人或者被鉴定人的近亲属或者监护人到场见证。

对需要进行尸体解剖的，应当通知委托人或者死者的近亲属或者监护人到场见证。

到场见证人员应当在鉴定记录上签名。见证人员未到场的，司法鉴定人不得开展相关鉴定活动，延误时间不计入鉴定时限。

【释义】 本条是关于对特殊人群进行鉴定应当有见证人到场见证的规定。

见证制度是刑事诉讼法规定的一项重要制度。如《刑事诉讼法》第 133 条规定："勘验、检查的情况应当写成笔录，由参加勘验、检查的人和见证人签名或者盖章。"第 142 条规定："对查封、扣押的财物、文件，应当会同在场见证人和被查封、扣押财物、文件持有人查点清楚，当场开列清单一式二份，由侦查人员、见证人和持有人签名或者盖章，一份交给持有人，另一份附卷备查。"司法鉴定过程中，对特定对象实施鉴定时，可能会涉及隐私，或者有侵犯被鉴定人权利的可能，规定必须有见证人在场见证，对司法鉴定人的鉴定行为进行监督，保障被鉴定人的合法权利，确保鉴定的权威性、客观性和公正性。

本条分为四款，前三款是对见证人到场的情形进行了规定，第 4 款是有关见证人在场的程序等内容的规定。

本条第 1 款规定，鉴定过程中，需要对无民事行为能力人或者限制民事行为能力人进行身体检查的，应当通知其监护人或者近亲属到场见证；必要时，可以通知委托人到场见证。原通则第 24 条第 2 款规定，在鉴定过程中需要对未成年人的身体进行检查的，应当通知其监护人到场。新通则将"未成年人"的有关表述修改为"无民事行为能力人或者限制民事行为能力人"。根据《民法典》第17~22条的规定，18周岁以上的自然人为成年人。不满18周岁的自然人为未成年人。成年人为完全民事行为能力人。16周岁以上的未成年人，以自己的劳动收入为主要生活来源的，视为完全民事行为能力人。8周岁以上的未成年人为限制民事行为能力人。不满8周岁的未成年人为无民事行为能力人。不能辨认自己行为的成年人为无民事行为能力人。不能完全辨认自己行为的成年人为限制民事行为能力人。

第2、3款分别对法医精神病鉴定、尸体解剖的见证人作出规定。第2款规定，对被鉴定人进行法医精神病鉴定的，应当通知委托人或者被鉴定人的近亲属或者监护人到场见证。此处所称进行法医精神病鉴定，是指在法医精神病鉴定中面见被鉴定人的环节。第3款规定，对需要进行尸体解剖的，应当通知委托人或者死者的近亲属或者监护人到场见证。

被鉴定人的监护人包括三种情况：①被监护人的近亲属，包括父母、成年子女、配偶、兄弟姐妹、祖父母、外祖父母、孙子女、外孙子女；②其他愿意担任监护人的个人或者组织，但是须经被监护人住所地的居民委员会、村民委员会或者民政部门同意；③如果没有上述两类人，监护人则由民政部门担任，也可以由具备履行监护职责条件的被监护人住所地的居民委员会、村民委员会担任。

对于本条规定的三种情形之外，在其他案件中，如果司法鉴定机构或司法鉴定人认为需要通知相应人员到场见证司法鉴定活动的，也可以通知，但这不是强制性规定。

根据前三款规定，鉴定人拟对无民事行为能力人或者限制民事行为能力人进行身体检查、进行法医精神病鉴定拟面见被鉴定人的、拟进行尸体解剖的，应当提前通知相应的见证人员，确定开展上述鉴定活动的时间。

本条第4款规定，到场见证人员应当在鉴定记录上签名。见证人员未到场的，司法鉴定人不得开展相关鉴定活动，延误时间不计入鉴定时限。司法鉴定人在对被鉴定人进行鉴定时，通知相应人员到场见证，见证人仅对鉴定人的鉴定行为进行客观见证，不能做出任何干扰司法鉴定人鉴定的行为，同时也不要求见证人必须直接面视鉴定人的鉴定活动。司法鉴定人应当严格按照程序规范和相应的技术要求独立、客观、公正地进行鉴定，不受见证人的影响。司法鉴定人实施相应的鉴定活动后，应当制作相应的笔录，由见证人对笔录的真实性和所记录情况的客观性进行阅览后签名。如果经通知见证人不到场，司法鉴定人不得开展相关鉴定活动，延误时间不计入鉴定时限。

关于鉴定记录的形式，本通则没有作具体的规定，只要达到能够体现相关要求即可。

第二十六条 鉴定过程中，需要对被鉴定人身体进行法医临床检查的，应当采取必要措施保护其隐私。

>>>【释义】 本条是关于保护被鉴定人隐私的规定。

原通则第24条第1款规定，司法鉴定人在进行鉴定的过程中，需要对女性作妇科检查的，应当由女性司法鉴定人进行；无女性司法鉴定人的，应当有女性工作人员在场。实践中，需要对女性作妇科检查的情况很少，但需要对被鉴定人身体进行检查的情况较多，特别是在开展法医临床鉴定活动中。为维护被鉴定人的合法权益，预防鉴定争议，保障鉴定活动顺利进行，有必要对被鉴定人身体进行检查的情形作出适当规定。参照《执业医师法》第22条关于医师在执业活动中有保护患者隐私义务的规定，本通则制定了保护被鉴定人隐私的规定。根据本条规定，在司法鉴定过程中，司法鉴定人对被鉴定人身体进行法医临床检查的，应当保护被鉴定人的隐私，不得泄露检查情况及被鉴定人的相关信息。

本条对鉴定机构和鉴定人采取措施保护被鉴定人隐私作出了要求，但没有规定采取何种具体措施。实践中，鉴定机构和鉴定人应当根据实际情况，配备相关设施、设备，采取相应保护措施。如司法鉴定机构设置专门的法医临床检查区域，并配备保护个人隐私的相关设施。

第二十七条 司法鉴定人应当对鉴定过程进行实时记录并签名。记录可以采取笔记、录音、录像、拍照等方式。记录应当载明主要的鉴定方法和过程，检查、检验、检测结果，以及仪器设备使用情况等。记录的内容应当真实、客观、准确、完整、清晰，记录的文本资料、音像资料等应当存入鉴定档案。

>>>【释义】 本条是关于司法鉴定人应当记录鉴定过程的规定。

建立鉴定记录制度，目的是使司法鉴定的每一个过程都应当处于有效监管之下并具有可追溯性，确保鉴定意见客观公正。根据本条规定，司法鉴定人应当对鉴定过程进行实时记录并签名，本条同时对记录形式、记录内容等作了明确要求。

1. 记录的形式。司法鉴定记录是司法鉴定全部活动的反映和记录，司法鉴定人应当如实记录司法鉴定的各个过程，记录的方式可以根据具体鉴定内容及鉴定过程的不同，采取笔记、录音、录像、拍照等方式。当记录中出现错误时，每一错误应划改，不可擦涂，以免字迹模糊或消失，并将正确值填写在其旁边，对记录的所有改动应有改动人的签名或签名缩写，对电子记录也应采取同等措施，以免丢失或改动原始数据。

2. 记录的内容。记录的事项包括鉴定方法和过程，检查、检验、检测结果及仪器设备使用情况等，鉴定记录应当真实、客观、准确、完整、清晰，所有记录应当由司法鉴定人签名并存入鉴定档案，确保鉴定意见的得出有据可循。

3. 记录的时效性。司法鉴定人在进行司法鉴定活动的过程中，应当实时做好各个环节的记录工作并留下记录人信息及记录时间，保证鉴定过程的完整性和可追溯性。司法鉴定人不得在司法鉴定活动结束后补充或伪造记录。

司法鉴定机构应当对司法鉴定人开展鉴定工作进行有效监管，过程记录是司法鉴定程序中的重要一环，也是司法行政部门和司法鉴定机构了解鉴定开展情况，对司法鉴定人进行管理，确保司法鉴定质量的重要方式和手段。司法鉴定机构应当根据自身运作情况，建立规范的过程记录和档案管理制度，司法鉴定人也应当按照本条规定的记录要求，对于处理的每起鉴定委托，以符合规范的方式记录并存档，保证鉴定过程合法公正，技术运用正确合规，鉴定意见准确客观。

4. 司法鉴定人的职责。对鉴定过程进行实时记录是通则对司法鉴定人的明确要求，司法鉴定人必须如实客观地记录鉴定过程并签名确认，司法鉴定机构对此也负有管理监督职责，督促司法鉴定人按照通则要求，做好记录工作。

5. 鉴定记录的查阅。司法鉴定过程记录及鉴定档案涉及具体案情及当事人信息，司法鉴定人应当遵守本通则第 6 条之规定，"保守在执业活动中知悉的国家秘密、商业秘密，不得泄露个人隐私"，不得违反规定对外公布相关内容，也不得违反规定擅自接待相关当事人或向当事人透露鉴定信息。委托人因案件需要，通过合法程序，可以查阅鉴定相关记录及档案。

第二十八条 司法鉴定机构应当自司法鉴定委托书生效之日起三十个工作日内完成鉴定。

鉴定事项涉及复杂、疑难、特殊技术问题或者鉴定过程需要较长时间的，经本机构负责人批准，完成鉴定的时限可以延长，延长时限一般不得超过三十个工作日。鉴定时限延长的，应当及时告知委托人。

司法鉴定机构与委托人对鉴定时限另有约定的，从其约定。

在鉴定过程中补充或者重新提取鉴定材料所需的时间，不计入鉴定时限。

➤➤➤【释义】 本条是关于司法鉴定时限的规定。

期限制度是诉讼制度中必不可少的重要内容，以保障诉讼活动在规定期限内完成，保障诉讼效率。在有些诉讼案件中，司法鉴定意见对司法审判活动具有重要作用，从而对诉讼进程和周期具有重要影响，如实践中有些鉴定事项受到客观因素的影响，或者由于鉴定活动本身规律性的原因，鉴定的周期有时较长。为提高诉讼效率，保障鉴定机构和鉴定人及时提出司法鉴定意见，避免由于鉴定机构和鉴定人的原因导致鉴定周期延长，本条对司法鉴定的时限作出了明确规定。

本条分为四款。第 1 款是对一般鉴定时限的规定，即一般情况下，如无特殊约定或其他特殊原因，司法鉴定机构应当自司法鉴定委托书生效之日起 30 个工作日内完成鉴定。

第 2 款是对延长鉴定时限的规定，对于鉴定事项涉及复杂、疑难、特殊技术问题或者鉴定过程需要较长时间的，经本机构负责人批准，完成鉴定的时限可以延长，延长时限一般不得超过 30 个工作日。鉴定时限延长的，应当及时告知委托人。司法鉴定机构延长司法鉴定期限的理由限于鉴定事项涉及复杂、疑难、特殊技术问题或者根据鉴定活动自身要求较长时间方可完成的。延长鉴定时限，以一次为限，不能多次延长时限。如果确需更长时间才能完成的，司法鉴定机构应当依据本条第 3 款的规定与委托人协商约定鉴定时限。

第 3 款是对约定鉴定时限的规定。有些鉴定委托本身具有不确定性，委托人和鉴定机构可以根据具体情况作出约定，鉴定机构按照约定的时限完成鉴定，提交鉴定意见。约定的鉴定时限应当以书面形式确定。司法鉴定机构可以在接受鉴定委托时与委托人对鉴定时限进行协商，而司法鉴定人在进行鉴定过程中发现需要较长时间的，也可在鉴定过程中与委托人进行协商，确定鉴定时限。

第 4 款是关于补充或者重新提取鉴定材料所需的时间不计入鉴定时限的规定。鉴定人在鉴定过程中发现现有鉴定材料无法满足鉴定需求，需要委托人补充或者需要重新提取鉴定材料的，应当及时书面通知委托人，委托人补充或者重新提取的鉴定材料符合鉴定需求后，再继续进行鉴定。用于补充或者重新提取鉴定材料所耗费的时间，不计入鉴定时限。根据本通则第25条第4款的规定，见证人员经通知未到场的，司法鉴定人不得开展相关鉴定活动，延误时间不计入鉴定时限。

第二十九条　司法鉴定机构在鉴定过程中，有下列情形之一的，可以终止鉴定：

（一）发现有本通则第十五条第二项至第七项规定情形的；

（二）鉴定材料发生耗损，委托人不能补充提供的；

（三）委托人拒不履行司法鉴定委托书规定的义务、被鉴定人拒不配合或者鉴定活动受到严重干扰，致使鉴定无法继续进行的；

（四）委托人主动撤销鉴定委托，或者委托人、诉讼当事人拒绝支付鉴定费用的；

（五）因不可抗力致使鉴定无法继续进行的；

（六）其他需要终止鉴定的情形。

终止鉴定的，司法鉴定机构应当书面通知委托人，说明理由并退还鉴定材料。

▶▶▶【释义】本条是关于司法鉴定机构可以终止鉴定情形的规定。

司法鉴定机构、司法鉴定人在接受司法鉴定委托后，应当在规定期限内及时出具鉴定意见。但如果在鉴定过程中遇到本条规定的情形，致使鉴定机构和鉴定人无法继续进行鉴定的，鉴定机构可以单方面作出终止鉴定的决定。

本条分为两款，第 1 款是有关终止鉴定的情形。本款第 1 项规定，发现有本通则第 15 条第 2 项至第 7 项规定情形的，可以终止鉴定。本通则第 15 条规定了 7 种司法鉴定机构不得受理鉴定委托的情形，包括：①委托鉴定事项超出本机构司法鉴定业务范围的；②发现鉴定材料不真实、不完整、不充分或者取得方式不合法的；③鉴定用途不合法或者违背社会公德的；④鉴定要求不符合司法鉴定执业规则或者相关鉴定技术规范的；⑤鉴定要求超出本机构技术条件或者鉴定能力的；⑥委托人就同一鉴定事项同时委托其他司法鉴定机构进行鉴定的；⑦其他不符合法律、法规、规章规定的情形。实践中，司法鉴定机构经审查决定接受鉴定委托的，鉴定事项即应当属于本机构业务范围，在实施鉴定过程中又发现存在第 2 项到第 7 项情形的，即应当终止鉴定。

第 1 款第 2 项规定，鉴定材料发生耗损，委托人不能补充提供的，鉴定机构可以终止鉴定。司法鉴定机构在审查鉴定委托作出是否决定受理的决定时，应当对鉴定材料的充分性进行审查，预测鉴定材料的耗损情况并预判鉴定材料是否满足鉴定需要。但是鉴定机构的这种预判可能会发生偏差。原本认为，在考虑了鉴定材料发生耗损这一因素的基础上，鉴定材料仍然能够满足需要，而鉴定实践中发现，鉴定材料的耗损程度远大于预测，完成鉴定需要更多的鉴定材料，需要委托人进行补充。此外，有些鉴定材料可能会发生其他情况或问题，导致鉴定无法继续进行，需要委托人补充提供鉴定材料。但应当注意，如果鉴定材料虽然发生了耗损，但仍然满足鉴定需要的，司法鉴定机构不得终止鉴定。鉴定材料需要委托人补充提供而委托人不能提供的，包括委托人主观上或客观上不提供，鉴定机构可以终止鉴定。

第1款第3项规定，委托人拒不履行司法鉴定委托书规定的义务、被鉴定人拒不配合或者鉴定活动受到严重干扰，致使鉴定无法继续进行的，鉴定机构可以终止鉴定。委托人拒不履行司法鉴定委托书规定的义务，包括拒不支付鉴定费、拒绝提供鉴定材料、拒绝提供进行鉴定所需要的案件信息等；被鉴定人拒不配合，如法医临床、法医精神病等鉴定的鉴定对象拒绝接受鉴定人的检查等；鉴定活动受到严重干扰，如当事人辱骂、威胁鉴定人，在鉴定机构寻衅滋事，干扰鉴定机构正常工作秩序，影响鉴定人正常生活等。此外，诉讼当事人往往会对鉴定机构施加压力，要求出具对其有利的鉴定结论，对于此类情况，鉴定机构应当告知委托人，由委托人采取相应措施，保障鉴定工作正常开展。若司法鉴定机构认为委托人、诉讼当事人及其他相关人员的行为明显干扰并影响到司法鉴定活动正常开展的，司法鉴定机构应当拒绝受理该鉴定委托，对于已经受理的，可以终止鉴定。如果发生以上三种情形，且其严重程度达到致使鉴定无法继续进行的，鉴定机构可以终止鉴定。

第1款第4项规定，委托人主动撤销鉴定委托，或者委托人、诉讼当事人拒绝支付鉴定费用的，鉴定机构可以终止鉴定。委托人撤销鉴定委托，自然导致鉴定终止。委托人、诉讼当事人拒绝支付鉴定费用的，鉴定机构可以终止鉴定。

第1款第5项规定，因不可抗力致使鉴定无法继续进行的，鉴定机构可以终止鉴定。所谓不可抗力，在我国《民法典》中是指"不能预见、不能避免且不能克服的客观情况"，主要包括以下几种情形：①自然灾害，如地震、台风、洪水、冰雹；②政府行为，如征收、征用；③社会异常事件，如罢工、骚乱。如果由于这一类原因导致鉴定无法继续进行的，鉴定机构可以终止鉴定。

本条第2款规定，司法鉴定机构终止鉴定的，应当书面通知委托人，说明理由并退还鉴定材料。司法鉴定机构作出终止鉴定的决定，应当采用书面形式通知委托人，并在书面通知中说明理由，同时退还接受委托时收取的鉴定材料，可以按照委托受理时的相关约定，酌情收取相应的费用。

第三十条 有下列情形之一的，司法鉴定机构可以根据委托人的要求进行补充鉴定：

（一）原委托鉴定事项有遗漏的；

（二）委托人就原委托鉴定事项提供新的鉴定材料的；

（三）其他需要补充鉴定的情形。

补充鉴定是原委托鉴定的组成部分，应当由原司法鉴定人进行。

【释义】 本条是关于司法鉴定机构进行补充鉴定的规定。

《刑事诉讼法》第148条规定："侦查机关应当将用作证据的鉴定意见告知犯罪嫌疑人、被害人。如果犯罪嫌疑人、被害人提出申请，可以补充鉴定或者重新鉴定。"这里的申请"补充鉴定"是指犯罪嫌疑人或者被害人认为鉴定意见有疑点、鉴定意见与案件事实因果关系不明确或者所提供的鉴定意见有遗漏等，可能影响对案件事实的认定，使自己的合法权益受到损害而提出的申请。对犯罪嫌疑人或者被告人提出的申请，侦查机关应当进行审查，认为原鉴定意见正确的，可以驳回申请人的申请，并说明理由；如果原鉴定意见确有疑点、纰漏或者因果关系不明显，应当要求鉴定人补充鉴定，并将补充鉴定意见及时告知申请人。《刑事诉讼法》第 148 条中的补充鉴定，是指在鉴定委托、鉴定要求、鉴定材料没有发生变化的情况下，鉴定人对原鉴定过程和鉴定意见进行的修正、补充、完善，对鉴定意见的瑕疵性问题进行纠正。

实践中，由于原委托的鉴定事项有遗漏而增加新的鉴定事项，或者针对原鉴定事项提出新的鉴定要求，或者由于发现了新的更重要的鉴定材料等，鉴定人需要对变化了的鉴定材料、鉴定事项、鉴定要求，调整原鉴定意见，出具补充鉴定意见。

根据本条第 1 款的规定，在三种情形下，委托人可以委托鉴定机构进行补充鉴定，鉴定机构应当接受补充鉴定委托。一是原委托鉴定事项有遗漏。诉讼活动中，有的案件比较复杂，涉及的专门性问题多，可能要进行多项鉴定。委托人在进行委托时，只委托鉴定机构对其中的一部分专门性问题进行鉴定，后来发现又有新的专门性问题需要鉴定，这时，委托人可以委托鉴定机构进行补充鉴定。比如在文书鉴定中，委托人委托鉴定机构对 1 枚印章进行鉴定，后来发现还有 1 个指纹也需要鉴定，可以委托作补充鉴定。二是委托人就原委托鉴定事项提供新的鉴定材料。鉴定材料的真实性、完整性、充分性对鉴定意见具有决定性的影响。随着案件侦查、审理过程的深入，又发现了新的、更重要的鉴定材料，此时委托人可以委托鉴定机构进行补充鉴定。三是其他需要补充鉴定的情形。

本条第 2 款规定，补充鉴定是原委托鉴定的组成部分，应当由原司法鉴定人进行。补充鉴定不是一个新的鉴定，而是对原鉴定的补充，因此应当由原司法鉴定机构的原司法鉴定人进行。实践中，如果原司法鉴定人因各种原因无法继续从事补充鉴定的，则在征询委托人同意的情况下，可以指定司法鉴定机构的其他具有相应执业资格的司法鉴定人进行补充鉴定，并将此情况记录在案，由委托人签字确认。委托人不同意由司法鉴定机构的其他司法鉴定人进行鉴定的，可以撤销委托。

第三十一条 有下列情形之一的，司法鉴定机构可以接受办案机关委托进行重新鉴定：

（一）原司法鉴定人不具有从事委托鉴定事项执业资格的；

（二）原司法鉴定机构超出登记的业务范围组织鉴定的；

（三）原司法鉴定人应当回避没有回避的；

（四）办案机关认为需要重新鉴定的；

（五）法律规定的其他情形。

▶▶▶**【释义】** 本条是关于重新鉴定的情形的规定。

《刑事诉讼法》和《民事诉讼法》对重新鉴定作出了规定。《刑事诉讼法》第 148 条规定，侦查机关应当将用作证据的鉴定意见告知犯罪嫌疑人、被害人。如果犯罪嫌疑人、被害人提出申请，可以补充鉴定或者重新鉴定。第 197 条第 1 款规定，法庭审理过程中，当事人和辩护人、诉讼代理人有权申请通知新的证人到庭，调取新的证物，申请重新鉴定或者勘验。

《民事诉讼法》第 139 条第 3 款规定，当事人要求重新进行调查、鉴定或者勘验的，是否准许，由人民法院决定。第 146 条规定，庭审中需要重新鉴定的，可以延期开庭审理。

司法鉴定是鉴定人对诉讼中遇到的专门性问题进行鉴别和判断并提供鉴定意见的活动，鉴定意见实质上是一种个人意见，是鉴定人凭借其专门知识对某个问题作出的一种认识和判断。由于种种原因，鉴定意见也会出现不准确、不可靠的情况。有的时候，不同鉴定人就同一问题得出的鉴定意见甚至完全相反；有的时候，鉴定机构和鉴定人可能存在违反规定出具鉴定意见的情形。重新鉴定是委托人在前次鉴定存在瑕疵或因案件需要对同一事项再次进行鉴定，是确保鉴定意见合法性、科学性的重要方式和途径，同时也是诉讼当事人对司法鉴定意见不服时的一种重要救济手段。刑事诉讼活动中的犯罪嫌疑人或者被害人、民事诉讼活动中的当事人，如果有充足的理由证明鉴定意见确有错误，或者鉴定人应当回避而没有回避、以及其他原因影响鉴定人作出正确鉴定的，其鉴定意见可能影响案件公正处理，可以提出重新鉴定的申请。办案机关应当对重新鉴定申请进行审查，认为原鉴定意见正确，不存在申请人提出需要重新鉴定的情形的，可以驳回申请，并应当说明理由；如果原鉴定意见确有错误或者鉴定人应当回避而没有回避的，应当重新鉴定。对于应回避的鉴定人员所做的鉴定进行重新鉴定的，应当重新聘请或指派鉴定人员进行鉴定。

根据本条规定，如果原司法鉴定人不具有从事委托鉴定事项执业资格，或者原司法鉴定机构超出登记的业务范围组织鉴定，或者原司法鉴定人应当回避没有回避，或者办案机关出于其他考虑，如为增强鉴定意见的科学性、可信度，提高鉴定意见的确定性，或者法律规定的其他情形，司法鉴定机构可以接受办案机关委托进行重新鉴定。

案件当事人对鉴定意见有异议，认为需要重新鉴定的，应向办案机关提出，由办案机关决定是否委托进行重新鉴定。

第三十二条 重新鉴定应当委托原司法鉴定机构以外的其他司法鉴定机构进行；因特殊原因，委托人也可以委托原司法鉴定机构进行，但原司法鉴定机构应当指定原司法鉴定人以外的其他符合条件的司法鉴定人进行。

接受重新鉴定委托的司法鉴定机构的资质条件应当不低于原司法鉴定机构，进行重新鉴定的司法鉴定人中应当至少有一名具有相关专业高级专业技术职称。

>>>**【释义】** 本条是关于接受委托开展重新鉴定的鉴定机构和鉴定人的资质条件的规定。

本条共有两款。第 1 款规定，重新鉴定应当委托原司法鉴定机构以外的其他司法鉴定机构进行；因特殊原因，委托人也可以委托原司法鉴定机构进行，但原司法鉴定机构应当指定原司法鉴定人以外的其他符合条件的司法鉴定人进行。

办案机关委托重新鉴定，表明原鉴定意见存在程序性或技术性问题，或者存在其他方面的问题，或者办案机关有其他方面的考虑。委托进行重新鉴定时，办案机关应当首先选择其他符合条件的鉴定机构，但确有特殊原因的，如其他鉴定机构不具备该鉴定事项的鉴定能力等，可以继续委托原鉴定机构进行鉴定。但根据本通则第 20 条第 2 款关于司法鉴定人曾经参加同一鉴定事项鉴定应当回避的规定，原司法鉴定人应当回避，原司法鉴定机构应当指定原司法鉴定人以外的其他符合条件的司法鉴定人进行重新鉴定。

重新鉴定是对原鉴定事项的再次鉴定，重新鉴定的原因往往是对原鉴定采用的鉴定方法、鉴定过程或鉴定意见存在争议，因此，本条第2款对实施重新鉴定的司法鉴定机构、鉴定人作出了相应的规定，要求具备相应的资质、条件，要求接受重新鉴定委托的司法鉴定机构的资质条件应当不低于原司法鉴定机构，进行重新鉴定的司法鉴定人中应当至少有一名具有相关专业高级专业技术职称，以确保重新鉴定的质量。

关于鉴定机构的资质，全国尚未建立明确的资质等级制度，也未对司法鉴定机构的级别或排名进行明确划分，但可以从以下角度把握、判断鉴定机构的资质是否符合进行重新鉴定的条件。一是从2009年开始，司法部等部门公开遴选并于2010年公布了10个国家级司法鉴定机构，包括最高人民检察院司法鉴定中心、公安部物证鉴定中心、北京市公安司法鉴定中心、上海市公安司法鉴定中心、广东省公安司法鉴定中心、北京市国家安全局司法鉴定中心、司法鉴定科学技术研究所司法鉴定中心、法大法庭科学技术鉴定研究所、中山大学法医鉴定中心、西南政法大学司法鉴定中心。这10个国家级司法鉴定机构，可以认为具有较高的资质能力。二是司法部在全国开展了司法鉴定机构认证认可工作。对司法鉴定机构的资质条件认定可以从司法鉴定资质认定（计量认证）或国家实验室认可情况，硬件设备条件、司法鉴定人职称等多方面进行综合考量。

第三十三条 鉴定过程中，涉及复杂、疑难、特殊技术问题的，可以向本机构以外的相关专业领域的专家进行咨询，但最终的鉴定意见应当由本机构的司法鉴定人出具。

专家提供咨询意见应当签名，并存入鉴定档案。

>>>**【释义】** 本条是关于司法鉴定人可以向有关专家进行咨询、寻求帮助和支持的规定。

本条分为两款。第 1 款规定了两层意思：第一层意思是鉴定人在鉴定过程中，可以向本机构以外的相关专业领域的专家进行咨询。司法鉴定作为一项科学技术工作，具有较强的专业性，对于一个专门性问题，特别是对于涉及复杂、疑难、特殊的技术问题，鉴定人受到自身学识、学派、分析判断的角度方法等的影响和限制，认为自身能力水平有限，得出的鉴定意见可能不足够科学、全面，需要向有经验的人咨询、请教。同时，随着科学技术日新月异，新知识、新技术快速发展，司法鉴定人也需要向相关专家寻求支持。第二层意思是，虽然鉴定人可以向专家进行咨询、求教，但专家不能替代司法鉴定人出具鉴定意见，专家意见只能作为司法鉴定人对具体专门问题的参考，咨询意见不能取代司法鉴定人的专业判断，按照鉴定人负责制原则，鉴定人仍然是出具鉴定意见的主体。

正确把握本款规定，还需要注意两个问题。一是本条所规定的"专家"，是指在科学技术以及其他专业知识方面具有特殊的专门知识或者经验的人。有的学者认为，"专家"应当具备四个特征：①作为专家的工作，应当具有高度的专门性的性质，其重点不在于体力劳作而在于精神的、判断性的、从事脑力性的工作；②专家应极为重视其职业道德；③大都要求其具有一定的资格或者等级认证；④专家个人一般都具有较高的社会地位和声望。本通则没有规定作为"专家"的固定标准或者认定程序，只能由司法鉴定机构和司法鉴定人根据案件的具体情况来确定。实践中，有的司法鉴定机构建立了专门的专家库，为本机构的司法鉴定人提供咨询和支持。二是无论从制度规定还是专业技术角度，专家不能取代司法鉴定人在司法鉴定活动中的功能和作用。专家意见能够有效地为司法鉴定人提供某些复杂、疑难、特殊技术问题的技术指导和参考，增强鉴定意见的专业性和技术性，但司法鉴定实行鉴定人负责制，鉴定人是出具鉴定意见的主体，鉴定人应当对委托鉴定事项具有相当的把握性，具有相当的知识、经验和技术能力以解决诉讼涉及的专门性问题，根据自身的专业知识和科学技术手段出具司法鉴定意见，而不能将鉴定委托事项全部或是部分关键性问题交由专家解决。专家咨询意见仅作为参考，咨询意见不能取代司法鉴定人的专业判断，专家不能替代司法鉴定人出具鉴定意见。并非所有的问题都需要向专家咨询，只有涉及复杂、疑难、特殊技术问题的，鉴定人才可以根据需要向相关专家进行咨询。实践中，有些鉴定机构和鉴定人根本没有能力解决委托鉴定事项，采取皮包公司的运转方式，一味地依赖专家提出鉴定意见。此外，有些鉴定机构和鉴定人对于一些极其简单、鉴定人完全有能力解决的问题，也按照"涉及复杂、疑难、特殊技术问题"的标准向专家进行咨询，并向委托人或者当事人收取"专家咨询费"。对于这种违规行为，司法鉴定机构和司法鉴定人应当一律禁止，司法行政机关一经发现，应当严肃查处。

本条第 2 款规定，专家提供咨询意见应当签名，并存入鉴定档案。这是修订后通则新增加的内容。根据本款规定，鉴定人向专家进行咨询，不能简单以谈话、电话的形式进行咨询，而应当以书面的形式如实记录专家咨询的意见及过程，并且由专家签名确认，存入鉴定档案，做到有案可查。

> **第三十四条** 对于涉及重大案件或者特别复杂、疑难、特殊技术问题或者多个鉴定类别的鉴定事项，办案机关可以委托司法鉴定行业协会组织协调多个司法鉴定机构进行鉴定。

》》》【释义】 本条是关于办案机关对于某些特殊案件，可以委托司法鉴定协会组织协调多个鉴定机构进行鉴定的规定。

实践中，司法机关或政府部门经常需要应对一些重大的案（事）件，这些重大案（事）件通常会造成较为严重的社会后果和影响，社会关注度高。办案机关有时还需要对同一事件中的多个事项进行司法鉴定，涉及多个鉴定类别的鉴定事项，面对特别复杂、疑难、特殊技术问题。对于这些类型的鉴定委托，办案机关通常对鉴定机构、鉴定人有特殊的要求，比如具有较高的能力水平、具有特殊的技术能力，有时甚至需要统筹多个鉴定机构进行鉴定。办案机关有时难以找到具有相应能力的鉴定机构和鉴定人，而司法鉴定协会更了解各有关司法鉴定机构的优势和特点，可以协调多个鉴定机构针对不同的专门性问题分别进行鉴定，也可以组织多个鉴定机构联合完成鉴定工作。

把握本条规定，需要注意两点。一是鉴定的主体仍然是鉴定机构和鉴定人，鉴定机构和鉴定人仍然需要按照鉴定人负责制的原则，依法、独立、客观进行鉴定，司法鉴定协会只是鉴定委托的协调者和组织者，不能干预鉴定活动。二是多个鉴定机构进行鉴定时，应当是针对不同的专门性问题，司法鉴定协会不能就同一专门性问题组织不同的鉴定机构分别进行鉴定。三是鉴定机构和委托鉴定事项确定后，办案机关仍然需要按照本通则的规定，分别与鉴定机构签订委托书，支付鉴定费用，鉴定机构分别向办案机关出具鉴定意见。

第三十五条 司法鉴定人完成鉴定后，司法鉴定机构应当指定具有相应资质的人员对鉴定程序和鉴定意见进行复核；对于涉及复杂、疑难、特殊技术问题或者重新鉴定的鉴定事项，可以组织三名以上的专家进行复核。

复核人员完成复核后，应当提出复核意见并签名，存入鉴定档案。

>>>【释义】 本条是关于司法鉴定机构应当组织对鉴定人的鉴定程序和鉴定意见进行复核的规定。

根据本条规定，司法鉴定机构在鉴定人完成鉴定后，在制作司法鉴定意见书前，应当对鉴定人的鉴定程序和鉴定意见进行复核，对于一些重要的、复杂的鉴定，可以组织多名专家进行复核。

司法鉴定机构对本机构的鉴定人负有监督管理职责权限，对鉴定人所做的鉴定具有复核的职权。《全国人民代表大会常务委员会关于司法鉴定管理问题的决定》第 12 条规定，鉴定人和鉴定机构从事司法鉴定业务，应当遵守法律、法规，遵守职业道德和职业纪律，尊重科学，遵守技术操作规范。根据本通则第 10 条规定，司法鉴定机构应当加强对司法鉴定人执业活动的管理和监督，司法鉴定人违反本通则规定的，司法鉴定机构应当予以纠正。根据本通则第 11、18 条规定，司法鉴定委托由司法鉴定机构统一受理，受理后委任鉴定人实施鉴定。根据本通则第 38 条的规定，司法鉴定意见书应当加盖司法鉴定机构的司法鉴定专用章。《司法鉴定机构内部管理规范》第 14 条规定，司法鉴定机构应当建立完善内部讨论和复核制度。对于重大疑难和特殊复杂问题的鉴定或者有争议案件的鉴定，应当组织鉴定人研究讨论，并做好书面记录。根据最高人民法院、司法部《关于建立司法鉴定管理与使用衔接机制的意见》（司发通〔2016〕98 号）规定，鉴定人或者鉴定机构在执业活动中因故意或者重大过失给当事人造成损失的，依法承担民事责任。综上可见，司法鉴定机构、司法鉴定人都是司法鉴定意见的责任主体，为保障鉴定意见的科学、公正，本条规定，司法鉴定机构对鉴定人的鉴定意见应当组织开展复核。

复核工作是司法鉴定活动的组成部分，复核是对鉴定程序和鉴定意见进行审核，是对鉴定意见的产生过程进行程序上的复核，以及对鉴定意见本身进行实体上的复核，而不仅仅是形式上的、格式上的复核；是对这一鉴定的全过程的复核，而不仅仅是复核鉴定人的工作程序。复核内容一般包括，鉴定材料的取得、保管、使用是否符合规定，鉴定技术方法和标准是否适宜，鉴定记录所反映鉴定过程的合理性，仪器设备是否符合要求，所取得的数据的合理性，记录、数据、结果、解释和说明、鉴定推理的逻辑性、准确性和完整性，鉴定文书等。

根据本条规定，复核人应当是具有相应资质的人员。所谓具有相应资质，是指应当具备复核的能力和水平，具有相应的鉴定工作经历、熟悉相应的鉴定方法和程序要求。复核人一般由本鉴定机构同一鉴定专业的鉴定人担任

一般情况下，每个鉴定都应当由 1 名复核人进行复核，但对于涉及复杂、疑难、特殊技术问题或者重新鉴定的鉴定事项，鉴定机构可以根据鉴定事项的重要程度、难易程度等，组织三名以上的专家进行复核。

根据本条第 2 款规定，复核人员完成复核后，应当提出复核意见并签名，存入鉴定档案。《司法鉴定文书格式》规定了复核意见书的格式。复核人应当按照规定的格式，提出对鉴定程序和鉴定意见等方面的复核意见，所有复核人都应当在复核意见书签名，复核意见书存入鉴定档案。

复核人的意见如果表明鉴定人的鉴定程序和鉴定意见没有问题，则鉴定人可以按照程序制作鉴定意见书，鉴定机构和鉴定人按照本通则第四章的规定，出具鉴定意见书；如果复核意见对鉴定程序和鉴定意见提出疑问或者提出修改完善的意见建议，鉴定机构应当组织复核人、鉴定人进行研究，进行修正、完善或者纠正；如果复核意见与鉴定意见存在重大分歧，鉴定机构应当组织更大范围的会鉴，必要时邀请资深专家参与研究，司法鉴定人坚持不同意见的，应当予以注明。

第四章
司法鉴定意见书的出具

本章共 7 条，对司法鉴定机构和司法鉴定人制作、出具司法鉴定意见书的有关要求作出规定，同时对鉴定机构和鉴定人应当回答委托人询问的问题，对鉴定意见书进行补正，鉴定档案管理等作出规定。

第三十六条 司法鉴定机构和司法鉴定人应当按照统一规定的文本格式制作司法鉴定意见书。

〉〉〉【释义】 本条是关于司法鉴定意见书文本格式的规定。

鉴定意见是诉讼法规定的证据种类之一，司法鉴定意见书是鉴定意见的书面载体，是司法鉴定人依照法定程序和条件，运用科学技术或者专门知识对相关专门性问题进行分析、鉴别和判断的具体体现。为规范司法鉴定意见书的制作格式，保障司法鉴定意见书严谨规范，提高鉴定质量和公信力，本条规定，司法鉴定机构和司法鉴定人应当按照统一规定的文本格式制作司法鉴定意见书。

本条的具体含义可以从三个方面理解。一是司法鉴定意见书的制作主体是司法鉴定机构和司法鉴定人。鉴定意见是司法鉴定人运用科学技术或者专门知识对相关专门性问题作出的鉴别和判断，因此，司法鉴定意见书应当由参加鉴定活动、作出鉴定意见的司法鉴定人负责起草。而司法鉴定意见书的正式出具还需要司法鉴定机构进行复核、统一编号、加盖司法鉴定专用章等工作。二是司法鉴定意见书应当按照统一规定的文本格式制作。这里是要求司法鉴定机构和司法鉴定人按照司法部《关于印发司法鉴定文书格式的通知》（司发通［2016］112号）统一规定的文本格式制作司法鉴定意见书。三是制作的文书是司法鉴定意见书。原通则第34条第2款规定，司法鉴定文书包括司法鉴定意见书和司法鉴定检验报告书。修订后通则删除了关于司法鉴定检验报告书这种文书形式。实践中，委托人如果只需要检验报告书作为证据材料的，如微量物证鉴定、法医毒物鉴定等主要依靠仪器设备检验检测开展鉴定活动的鉴定事项，司法鉴定机构仍然可以提供检验结果，但应当以司法鉴定意见书的形式呈现，检验检测结果或者报告只能作为司法鉴定意见书的附件。

司法部《关于印发司法鉴定文书格式的通知》对司法鉴定意见书的文本格式、制作要求等作出规定，司法鉴定意见书应当包括基本情况、基本案情、资料摘要、鉴定过程、分析说明、鉴定意见、附件等组成部分，但各省级司法行政机关或司法鉴定协会可以根据不同专业的特点制定具体的格式，司法鉴定机构也可以根据实际情况作合理增减。关于"基本情况"，应当简要说明委托人、委托事项、受理日期、鉴定材料等情况；关于"资料摘要"，应当摘录与鉴定事项有关的鉴定资料，如法医鉴定的病史摘要等；关于"鉴定过程"，应当客观、详实、有条理地描述鉴定活动发生的过程，包括人员、时间、地点、内容、方法，鉴定材料的选取、使用，采用的技术标准、技术规范或者技术方法，检查、检验、检测所使用的仪器设备、方法和主要结果等；关于"分析说明"，应当详细阐明鉴定人根据有关科学理论知识，通过对鉴定材料，检查、检验、检测结果，鉴定标准，专家意见等进行鉴别、判断、综合分析、逻辑推理，得出鉴定意见的过程，司法鉴定意见书要具有良好的科学性、逻辑性；意见书各页之间应当加盖司法鉴定专用章红印，作为骑缝章。根据修订后的文书格式，司法鉴定机构不再需要在司法鉴定意见书上加盖钢印。

第三十七条 司法鉴定意见书应当由司法鉴定人签名。多人参加的鉴定，对鉴定意见有不同意见的，应当注明。

>>>【释义】 本条是关于鉴定人应当在鉴定意见书上签名的规定。

《刑事诉讼法》第 147 条第 1 款规定，鉴定人进行鉴定后，应当写出鉴定意见，并且签名。《民事诉讼法》第 77 条第 2 款规定，鉴定人应当提出书面鉴定意见，在鉴定书上签名或者盖章。《全国人民代表大会常务委员会关于司法鉴定管理问题的决定》第 10 条规定，司法鉴定实行鉴定人负责制度。鉴定人应当独立进行鉴定，对鉴定意见负责并在鉴定书上签名或者盖章。《最高人民法院关于适用〈中华人民共和国刑事诉讼法〉的解释》（法释〔2012〕21 号）第 84 条第 4 项规定，对鉴定意见应当着重审查以下内容：鉴定意见的形式要件是否完备，是否注明提起鉴定的事由、鉴定委托人、鉴定机构、鉴定要求、鉴定过程、鉴定方法、鉴定日期等相关内容，是否由鉴定机构加盖司法鉴定专用章并由鉴定人签名、盖章。该司法解释第 85 条第 7 项规定，鉴定文书缺少签名、盖章的，不得作为定案的根据。

鉴定意见实质上是一种个人意见，是鉴定人凭借其专门知识对某个问题作出的一种认识和判断。鉴定意见是否客观、准确，取决于鉴定人自己的科学技术水平和判断能力，应当由鉴定人自己负责。有的国家的法律将鉴定人规定为"专家证人"，鉴定意见即专家证人提供的意见。鉴定人负责制度，要求鉴定意见必须以鉴定人个人名义作出，即必须个人署名，个人对鉴定意见负责。鉴定人接受委托后，从检材的提取、保管、检验、甄别等，都应由鉴定人根据鉴定的技术操作规范进行，其他任何人不得干涉或施加影响，更不得指令鉴定人一定要作出某种鉴定意见，或代替鉴定人进行鉴定。鉴定后，鉴定人应当作出鉴定意见，并在鉴定书上签名。鉴定只是鉴定人个人依据其掌握的专门知识对有关专门问题作出的检验、鉴别和判断，形成的鉴定意见应由鉴定人签名，以确定相应的责任。鉴定人只能是公民个人，而不能是单位。

在诉讼中，有时会遇到特别疑难、复杂的问题，为了获得更加客观、公正的证据，需要几个鉴定人同时对该问题共同进行鉴定，即所谓的"专家会鉴"。对于多人共同鉴定的，仍应贯彻个人负责和独立进行鉴定的原则。鉴定过程中可以互相研究讨论，但每个人都有提出自己的鉴定意见的权利，任何人不能以年龄、职务、学历、职称、技术水平、工作经历等差别，要求别人服从自己的意见。如果大家的鉴定意见是一致的，每个鉴定人也应当在鉴定书上签名。对有不同鉴定意见的，根据本条的规定，应当在鉴定书中予以注明，并由该鉴定人签名，不能以少数服从多数为理由否定少数人的鉴定意见。当多人参加的鉴定出现意见不一致的问题时，鉴定人应当相互研究讨论，必要时也可以根据本通则第 33 条的规定，向相关专业领域的专家进行咨询，使相关问题能够得到科学严谨的鉴别和判断，争取形成一致的鉴定意见。但不能简单采用少数服从多数原则，司法鉴定人坚持不同意见的，应当注明。

修订后《通则》删除了鉴定人盖章的规定，只保留了签名署名方式，主要是考虑到盖章的方式比较随意，容易出现其他人代为盖章甚至伪造鉴定人名章的情况，不利于鉴定人负责制的落实。司法鉴定机构应当严格落实鉴定人负责制，坚决杜绝"司法鉴定人只签名不鉴定"的问题，坚决杜绝其他人员代替司法鉴定人签名的违法行为。

第三十八条 司法鉴定意见书应当加盖司法鉴定机构的司法鉴定专用章。

》》【释义】 本条是关于司法鉴定应当在司法鉴定意见书上盖章的规定。

司法鉴定机构是接受司法鉴定委托的主体，出具司法鉴定意见书应当加盖司法鉴定机构的司法鉴定专用章，意味着司法鉴定机构和司法鉴定人都是司法鉴定意见书的责任主体。

根据司法部《关于印发司法鉴定文书格式的通知》（司发通〔2016〕112 号），司法鉴定意见书有三处需要加盖司法鉴定专用章。一是在标题下方编号处，二是司法鉴定意见书各页之间，三是在落款日期上。司法鉴定专用章制作规格为：直径 4 厘米，中央刊五角星，五角星上方刊司法鉴定机构名称，自

左向右呈环行；五角星下方刊司法鉴定专用章字样，自左向右
横排。印文中的汉字应当使用国务院公布的简化字，字体为宋
体。民族自治地区司法鉴定机构的司法鉴定专用章印文应当并
列刊汉字和当地通用的少数民族文字。司法鉴定机构的司法鉴
定专用章应当经登记管理机关备案后启用。司法鉴定意见书应
使用 A4 纸，文内字体为四号仿宋，两端对齐，段首空两格，
行间距一般为 1.5 倍。司法鉴定机构的司法鉴定专用章应当经
登记管理机关备案后启用。

　　该通知删除了关于司法鉴定专用章钢印的规定，即鉴定机
构不再需要制作和使用钢印，只需加盖司法鉴定专用章红印
即可。

> **第三十九条**　司法鉴定意见书应当一式四份，三份交委
> 托人收执，一份由司法鉴定机构存档。司法鉴定机构应当按
> 照有关规定或者与委托人约定的方式，向委托人发送司法鉴
> 定意见书。

　　》》【释义】 本条是关于司法鉴定意见书制作与发送的
规定。

　　司法鉴定机构制作司法鉴定意见书，应当同时制作四份，
且不分正本、副本。司法鉴定委托的主体、客体分别是委托人
和司法鉴定机构，司法鉴定机构作出鉴定意见，应当将鉴定意
见书交委托人，而不能将鉴定意见书交给其他单位或个人。规
定应当将三份鉴定意见书交委托人，是考虑到诉讼中办案机关
需要将用作证据的鉴定意见告知双方当事人，且办案机关要留
存一份，因此三份才能满足需要。但应当注意，司法鉴定机构

不得将司法鉴定意见书直接交诉讼活动的当事人，当事人需要了解鉴定意见书内容的，应当通过委托人获得。

关于交付的方式，委托人和司法鉴定机构可以协商确定，如邮寄、送达、自取等，无论采取何种方式，鉴定机构应当保留已经发送的证据，如寄件存根、签收人签字等。司法鉴定机构应当将一份司法鉴定意见书归档保存。

第四十条 委托人对鉴定过程、鉴定意见提出询问的，司法鉴定机构和司法鉴定人应当给予解释或者说明。

【释义】 本条是关于司法鉴定机构和司法鉴定人对委托人的有关询问给予解释、说明的规定。

诉讼活动中，司法鉴定机构接受办案机关委托，就案件涉及的专门性问题进行鉴定，提出鉴定意见并制作鉴定意见书。委托人收到鉴定意见后，按照刑事诉讼法的规定，应当将用作证据的鉴定意见告知被害人和犯罪嫌疑人，按照民事诉讼法的规定，应当将鉴定意见告知当事人。刑事诉讼中的被害人、犯罪嫌疑人，民事诉讼中的当事人，如果对鉴定意见、鉴定程序有异议，可以提出意见，也可以申请重新鉴定、补充鉴定。办案机关对鉴定机构提出的鉴定意见，也应当进行审查判断。办案机关根据审查判断情况，或者根据刑事诉讼中的被害人、犯罪嫌疑人，民事诉讼中的当事人提出的疑问，对鉴定机构和鉴定人进行询问，司法鉴定机构和司法鉴定人应当给予解释或者说明。

如果对鉴定人的资质等有关情况进行询问，司法鉴定机构应当作出解释或者说明；如果对鉴定程序、鉴定意见进行询问，鉴定人应当作出解释或者说明。作出解释或者说明的具体形式，应当根据办案机关的要求，可以是口头的或者书面的。

第四十一条　司法鉴定意见书出具后，发现有下列情形之一的，司法鉴定机构可以进行补正：

（一）图像、谱图、表格不清晰的；

（二）签名、盖章或者编号不符合制作要求的；

（三）文字表达有瑕疵或者错别字，但不影响司法鉴定意见的。

补正应当在原司法鉴定意见书上进行，由至少一名司法鉴定人在补正处签名。必要时，可以出具补正书。

对司法鉴定意见书进行补正，不得改变司法鉴定意见的原意。

>>>【释义】　本条是关于司法鉴定机构应当对瑕疵性问题的鉴定意见书进行补充的规定。

一般来说，司法鉴定意见书由鉴定机构出具后，即形成了案件证据材料，通过办案人员的审查判断后，作为定案的根据。最高人民法院《关于适用〈中华人民共和国刑事诉讼法〉的解释》（法释〔2012〕21号）第84条第4项规定，在对鉴定意见的审查与认定中，应着重审查鉴定意见的形式要件，并在第85条中明确，鉴定文书缺少签名、盖章的，鉴定意见不得作为定案的根据。

司法鉴定实践中经常遇到这一类情况，鉴定机构出具鉴定意见书后，鉴定人主动地，或者根据委托人的询问被动地，发现鉴定意见书存在一些不影响鉴定意见原意的瑕疵问题，根据本条规定，鉴定机构可以制作司法鉴定意见补正书，对有瑕疵的鉴定意见进行补正，在不改变原有鉴定意见的情况下，对司法鉴定意见书予以完善，以保证司法鉴定意见书对专门性问题的证明效力，以避免或者减少不必要的多次鉴定、重复鉴定。

对司法鉴定意见书的补正，本条主要规定了三个方面的内容：

第一，司法鉴定意见书补正的适用范围。首先，补正的问题必须是瑕疵性问题，而不是鉴定意见书存在严重的错误，如果发现存在严重性错误的，应当及时告知委托人。本条规定，补正的范围可能包括：①图像、谱图、表格不清晰的；②签名、盖章或者编号不符合制作要求的；③文字表达有瑕疵或者错别字，但不影响司法鉴定意见的。

第二，司法鉴定意见书补正的可选择性。鉴定机构或鉴定人发现已经出具的鉴定意见书存在瑕疵性问题的，可以进行补正，也可以不补正，但委托人要求补正的，应当补正。

第三，司法鉴定意见书补正的方式和程序。补正的方式有两种，相应的补正程序也有所不同。一是在原司法鉴定意见书上进行补正，鉴定机构对四份鉴定意见书原件（送出的三份原司法鉴定意见书、一份存档的鉴定意见书），作出补正。如果鉴定机构根据委托人要求出具了多份鉴定意见书，应当对这些意见书都进行补正。在司法鉴定意见书上进行补正，应当由至少1名原鉴定人签名。二是出具补正书，单独制作的补正书一般应当由原鉴定人签名，加盖司法鉴定机构的司法鉴定专用章，与原司法鉴定意见书一并使用。司法部《关于印发司法鉴定文书格式的通知》（司发通［2016］112号）统一规定了司法鉴定意见补正书格式。

第四，对司法鉴定意见书补正的限制性要求。补正不得改变司法鉴定意见的原意，因本条款旨在自行改进和完善司法鉴定意见书的轻微问题或错误，鉴定机构和鉴定人不得利用此条款对鉴定意见的内容进行实质性改变。

第四十二条　司法鉴定机构应当按照规定将司法鉴定意见书以及有关资料整理立卷、归档保管。

>>>【释义】 本条是关于司法鉴定机构对鉴定案件进行归档保管的规定。

司法鉴定意见书以及有关资料，真实、全面地记录了鉴定的整个过程，作为鉴定活动中收取、获得及形成的重要资料，对于保障鉴定质量（即对案件进行复核、审查、鉴定人出庭质证等）、维护当事人合法权益（如投诉、行政复议、行政诉讼等）具有重要作用。将司法鉴定意见书以及有关资料归档管理，对于研究鉴定技术的应用和发展，规范并监督鉴定活动具有重要意义。

本条对于鉴定档案的规定主要有三个方面：

第一，明确了鉴定档案管理的责任主体是司法鉴定机构。根据《档案法》第9条和《司法鉴定机构内部管理规范》第9、11条和第17条的有关规定，明确了司法鉴定机构是鉴定档案管理的责任主体，要求司法鉴定机构应当划分存放鉴定档案的区域，统一建立鉴定材料的存档等工作制度，根据本机构司法鉴定业务档案的制作、存储要求，配备档案管理人员，切实做好档案管理工作。

第二，明确了鉴定档案的归档内容，是司法鉴定意见书以及有关资料。依据本通则第 39 条的规定，司法鉴定意见书应当一式四份，其中一份由司法鉴定机构存档。除司法鉴定意见书外，依据本通则第 27 条和《司法鉴定机构内部管理规范》第 13 条第 2 款都明确了相关资料的存档要求。

鉴定档案包括鉴定实施过程中形成的所有材料，应能客观、准确、完整、全面地反映鉴定过程，一般包括以下几个方面的材料：司法鉴定意见书、鉴定意见书的签发稿、司法鉴定委托书、告知书、情况说明等，以及对鉴定过程的记录，包括鉴定材料的接收、保管、使用和退还记录，检材提取记录，对特殊鉴定对象检查或鉴定的见证人到场记录，以及检验记录、检验结果、讨论记录、专家咨询意见、机构复核意见等。鉴定记录的表现形式一般包括：文书资料、图片、录音、录像资料、电子资料等。

第三，对司法鉴定档案管理的要求是整理立卷、归档保管。《档案法》第 14 条第 1 款规定，应当归档的材料，按照国家有关规定定期向本单位档案机构或者档案工作人员移交，集中管理，任何个人不得拒绝归档或者据为己有。第 19 条明确了档案机构的职责，即档案馆以及机关、团体、企业事业单位和其他组织的档案机构应当建立科学的管理制度，便于对档案的利用；按照国家有关规定配置适宜档案保存的库房和必要的设施、设备，确保档案的安全；采用先进技术，实现档案管理的现代化。档案馆和机关、团体、企业事业单位以及其他组织应当建立健全档案安全工作机制，加强档案安全风险管理，提高档案安全应急处置能力。

第五章

司法鉴定人出庭作证

本章共 4 条，规定了鉴定人应当根据法庭通知依法出庭作证，回答与鉴定事项有关问题，鉴定机构应当支持鉴定人出庭作证，鉴定人出庭作证应当遵守法庭秩序。

第四十三条 经人民法院依法通知，司法鉴定人应当出庭作证，回答与鉴定事项有关的问题。

▶▶▶【释义】 本条是关于司法鉴定人应当根据人民法院通知出庭作证的规定。

鉴定意见是鉴定人凭借科学技术、专门知识、执业技能和从业经验对案件中的专门性问题进行分析判断和鉴别后提出的意见。鉴定意见作为证据之一，具有专门性、科学性的特征，在认定事实和判断其他证据中发挥着重要作用，在刑事诉讼中往往对案件定罪量刑有重大影响。但鉴定意见并不具有天然的证明力，不能由此推定鉴定意见的证明效力当然优于其他证据，甚至可以不经审查和法庭质证而直接采信。此外，不同鉴定机构的鉴定意见在法律效力上也不具有天然的等级或强弱差别。鉴定意见同其他证据一样，必须通过审判人员综合全案证据审查判断，才能作为定案的根据。因此，鉴定人出庭作证，接受当事人和法庭质询，是对鉴定意见进行质证的正当程序和必要方式，也是保障鉴定意见真实性、证明力的重要形式。

《全国人民代表大会常务委员会关于司法鉴定管理问题的决定》第 11 条规定，"在诉讼中，当事人对鉴定意见有异议的，经人民法院依法通知，鉴定人应当出庭作证"。司法鉴定人出庭作证，也是该决定第 10 条规定的司法鉴定实行鉴定人负责制的要求和体现之一。因此，从履行作证义务的角度，根据《刑事诉讼法》第 192 条和《民事诉讼法》第 78 条都分别规定，案件当事人（刑事案件的公诉人、当事人或者辩护人、诉讼代理人）对鉴定意见有异议，或者人民法院认为鉴定人有必要出庭的，鉴定人应当出庭作证。

本条关于鉴定人出庭作证的规定，主要包括三个方面的内容：一是鉴定人出庭作证是一项法定义务。司法鉴定活动既是科学技术实证活动，又是参与诉讼的活动，司法鉴定人不仅是专业技术人员，在诉讼中也是诉讼参与人。鉴定人要对其出具的鉴定意见负责，因此经人民法院通知，鉴定人无正当理由不得拒绝出庭。二是鉴定人出庭作证在程序上应经人民法院依法通知。依据我国现有诉讼法律规定，无论是当事人对鉴定意见有异议而提出申请，还是法庭根据案件审理需要，都由人民法院决定鉴定人是否出庭作证。因而，接到人民法院的出庭通知书，是鉴定人出庭的前提。人民法院的出庭通知一般采用书面形式，在开庭日合理期限前通知鉴定人。鉴定人在外地的，应当留有必要的在途时间。三是出庭作证的内容是回答与鉴定事项有关的问题。鉴定人出庭应当客观、公正、实事求是地说明司法鉴定的有关情况，依法接受询问和质证，就与所出具鉴定意见有关的问题进行回答、解释、说明，并有权拒绝回答法庭认为与其所出具鉴定意见无关的质询。

根据《刑事诉讼法》第 192 条、《民事诉讼法》第 78 条及相关司法解释，经人民法院通知，鉴定人无正当理由拒不出庭作证的，鉴定意见不得作为定案或认定事实的根据，即明确了鉴定意见将失去证据效力。这样规定是由鉴定意见作为言词证据的属性和要求决定的，否则只能作为传闻证据看待，不具有可采性，无法有效地作为裁判的依据。同时考虑到鉴定意见与其他证据不同，鉴定意见是专业人员根据科学方法和自己的专业知识作出的判断，不具有唯一性，鉴定人不出庭的，可以另外进行重新鉴定。

因此，鉴定人不出庭作证的，要承担以下法律后果：①鉴定意见不被采信，该鉴定意见不得作为定案的根据。②没有正当理由拒不出庭作证的鉴定人要依法接受司法行政机关或者有关部门的处罚。例如，《最高人民法院关于适用〈中华人民共和国刑事诉讼法〉的解释》第 86 条规定，对没有正当理由拒不出庭作证的鉴定人，人民法院应当通报司法行政机关或者有关部门。省级人民政府司法行政部门根据《全国人民代表大会常务委员会关于司法鉴定管理问题的决定》第 13 条的规定，给予停止从事司法鉴定业务 3 个月以上 1 年以下的处罚；情节严重的，撤销登记。③返还鉴定费用。在民事诉讼中，依据《民事诉讼法》第 78 条的规定，支付鉴定费用的当事人可以要求返还鉴定费用。

2020 年 5 月，为了规范和指导司法行政机关登记管理的司法鉴定人出庭作证活动，保障诉讼活动的顺利进行，司法部发布《关于进一步规范和完善司法鉴定人出庭作证活动的指导意见》（司规〔2020〕2 号），对鉴定人出庭相关工作提出了具体要求。

第四十四条 司法鉴定机构接到出庭通知后，应当及时与人民法院确认司法鉴定人出庭的时间、地点、人数、费用、要求等。

【释义】本条是关于鉴定机构应当为鉴定人出庭作证与人民法院进行沟通协调的规定。

人民法院通知鉴定人出庭，一般需要通过鉴定机构来实现。人民法院发出出庭通知，有时会将出庭通知发送给鉴定机构，有时会直接通知到鉴定人，但无论采取何种方式，鉴定机构应当负责与人民法院沟通，确认有关的事项。

需要确认的事项一般包括：①出庭人的确定。鉴定人可能有多人，人民法院对出庭的鉴定人有无要求，需要几个鉴定人出庭，是否有指定的出庭鉴定人，如果所要求的某个具体鉴定人届时无法出庭，该事项的其他鉴定人是否可以出庭。②出庭时间。庭审可能会延续较长的时间，但人民法院应当确定鉴定人出庭的某个具体时间。③出庭地点。即出庭的具体地址，包括单位名称、具体地址、联系人等。④鉴定人出庭作证所需要的相关费用。依据 2006 年发布的《诉讼费用交纳办法》，在民事诉讼和行政诉讼中，鉴定人在人民法院指定日期出庭发生的交通费、住宿费、生活费和误工补贴，由人民法院按照国家规定标准代为收取。实践中该项规定未能得到严格落实，各地情况有所不同，部分法院不先行代为收取，告知申请鉴定人出庭的一方当事人在开庭前将鉴定人出庭作证所需要的相关费用自行支付给鉴定机构，部分法院先通知鉴定人必须出庭，待庭审作证结束后再责令当事人支付，鉴定人出庭作证所需要的相关费用先自行垫支、迟延收取，甚至收取不到的情况时有发生，一定程度上影响了鉴定人出庭积极性。2016 年《最高人民法院、最高人民检察院、公安部、国家安全部、司法部关于推进以审判为中心的刑事诉讼制度改革的意见》第 12 条明确要求，要完善对证人、鉴定人的法庭质证规则，建立证人、鉴定人等作证补助专项经费划拨机制，进一步加强了鉴定人出庭费用的规范和保障。司法鉴定机构应当与人民法院确认鉴定人出庭作证所需费用的解决方式。⑤人民法院对鉴定人出庭的其他具体要求。

第四十五条　司法鉴定机构应当支持司法鉴定人出庭作证，为司法鉴定人依法出庭提供必要条件。

▶▶▶【释义】本条是关于鉴定机构应当支持鉴定人出庭作证的规定。

根据本条规定，司法鉴定机构应当为鉴定人出庭作证提供必要的条件，如在工作安排方面，为鉴定人出庭安排出合理的时间，不得因鉴定人出庭克扣鉴定人应得的工资、奖金，安排鉴定机构工作人员为鉴定人出庭提供交通、住宿等方面的帮助等。

第四十六条　司法鉴定人出庭作证，应当举止文明，遵守法庭纪律。

▶▶▶【释义】本条是关于司法鉴定人出庭作证时的礼仪

要求的规定。

根据本条规定，司法鉴定人出庭作证，应当着正装，衣着得体，举止文明，尊重法官，尊重法庭秩序。同时，鉴定人在庭审时也应当得到法庭的支持和尊重。《最高人民法院关于适用〈中华人民共和国刑事诉讼法〉的解释》（法释［2012］21号）第249条规定，法庭审理过程中，诉讼参与人、旁听人员应当遵守以下纪律：①服从法庭指挥，遵守法庭礼仪；②不得鼓掌、喧哗、哄闹、随意走动；③不得对庭审活动进行录音、录像、摄影，或者通过发送邮件、博客、微博客等方式传播庭审情况，但经人民法院许可的新闻记者除外；④旁听人员不得发言、提问；⑤不得实施其他扰乱法庭秩序的行为。

第六章
附 则

第四十七条　本通则是司法鉴定机构和司法鉴定人进行司法鉴定活动应当遵守和采用的一般程序规则，不同专业领域对鉴定程序有特殊要求的，可以依据本通则制定鉴定程序细则。

>>>【释义】本条是关于各不同司法鉴定专业可以依据本通则制定鉴定程序细则的规定。

司法鉴定是对诉讼中涉及的专门性问题进行鉴别和判断的活动，随着社会的发展，涉及专门知识的案件越来越多，司法鉴定涉及的专门性问题也越来越十分广泛，除法医类、物证类、声像资料和环境损害司法鉴定事项外，已在诉讼中出现的鉴定事项近200种，随着科学技术的发展和司法活动的日益复杂化，鉴定事项还将不断增加。

根据本条规定，本通则所作出的程序规定，是司法鉴定活动的通用程序规定，经司法行政机关审核登记的司法鉴定机构和司法鉴定人从事各类司法鉴定业务，均应当遵守和采用本通则作出的一般程序规则。

实践中，不同的鉴定事项在实施活动中所运用的科学理

论、技术知识，采用的技术手段、技术方法、技术设备，适用
的技术标准、技术规范和操作规程等，存在着较大的差异，有
自身的技术特点，需要遵循符合自身专业特点的规则和要求。
对于一些鉴定专业，司法鉴定机构和司法鉴定人在实施鉴定活
动过程中，如果遵守和采用本通则的一般程序规则仍然不足以
保证鉴定质量，从司法鉴定实施活动的一般性要求与特定鉴定
事项的特殊性要求出发，为保证鉴定实施活动的科学性，应当
根据该鉴定专业对鉴定程序的特殊要求，依据本通则的规定制
定鉴定程序细则。

本条主要有以下含义：

第一，明确本通则是司法鉴定活动应当遵守和采用的一般
程序规则。根据通则第 2 条的规定，"一般程序规则"是指司
法鉴定机构和司法鉴定人从事各类司法鉴定业务，均应当遵循
的方式、方法、步骤以及相关的规则和标准。包括鉴定程序调
整范围，鉴定人负责制，守法、保密、回避、出庭等法定义
务，收费制度、监督管理制度，以及具体实施鉴定活动中的各
项程序性规定。

第二，明确了适用一般程序规则与特殊程序规则的关系。
根据《立法法》第 92 条的规定，同一机关制定的法律、法
规、规章，特别规定与一般规定不一致的，适用特别规定。司
法部或司法部明确授权的行业组织所制定的其他程序规则，对
特定鉴定事项的实施程序有特殊规定的，实施相关的鉴定活动
应当遵循特殊程序规则。目前，在实施法医精神病鉴定的活动
中，应当遵循最高人民法院、最高人民检察院、公安部、司法
部、卫生部颁布的《精神疾病司法鉴定管理办法》中关于鉴
定实施程序的有关规则。司法部或者全国性行业协会尚未制定

特定鉴定事项的特殊程序规定的，省级司法行政机关、行业组织或者司法鉴定机构可以制定相关的特殊程序规则，在本地、本行业或者本机构内适用，但有关规则不得与本通则抵触。

第三，明确特殊的程序规则是为保障鉴定的科学、客观、准确，基于不同专业领域的鉴定事项对实施程序的特殊要求，制定的技术规则和要求，应当纳入技术规范的范畴。通则所确定的保证司法鉴定活动独立、公正进行的有关规定，不是特殊程序规定的调整范围。

第四十八条 本通则所称办案机关，是指办理诉讼案件的侦查机关、审查起诉机关和审判机关。

▶▶▶【释义】本条关于办理诉讼案件机关的规定。

本通则第 11、31、34 条对司法鉴定、重新鉴定、重大案件鉴定事项的委托主体作出了规定。第 11 条规定，司法鉴定机构应当统一受理办案机关的司法鉴定委托。第 31 条规定，有下列情形之一的，司法鉴定机构可以接受办案机关委托进行重新鉴定：①原司法鉴定人不具有从事委托鉴定事项执业资格的；②原司法鉴定机构超出登记的业务范围组织鉴定的；③原司法鉴定人应当回避没有回避的；④办案机关认为需要重新鉴定的；⑤法律规定的其他情形。第 34 条规定，对于涉及重大案件或者遇有特别复杂、疑难、特殊的技术问题或者涉及多个鉴定类别的鉴定事项，办案机关可以委托司法鉴定行业协会组织协调多个司法鉴定机构进行鉴定。

根据这些规定，在诉讼活动中，司法鉴定机构只能接受办案机关的委托，而不能接受当事人、犯罪嫌疑人、受害人的直接委托。根据我国有关法律规定，本条规定，本通则所称办案机关，是指办理诉讼案件的侦查机关、审查起诉机关和审判机关。

根据《刑事诉讼法》第 3 条第 1 款的规定，对刑事案件的侦查、拘留、执行逮捕、预审，由公安机关负责。检察、批准逮捕、检察机关直接受理的案件的侦查、提起公诉，由人民检察院负责。审判由人民法院负责。除法律特别规定的以外，其他任何机关、团体和个人都无权行使这些权力。第 4 条规定，国家安全机关依照法律规定，办理危害国家安全的刑事案件，行使与公安机关相同的职权。《民事诉讼法》第 3 条规定，人民法院受理公民之间、法人之间、其他组织之间以及他们相互之间因财产关系和人身关系提起的民事诉讼，适用本法的规定。《行政诉讼法》第 4 条规定，人民法院依法对行政案件独立行使审判权，不受行政机关、社会团体和个人的干涉。本条规定意在明确"办案机关"是以公安机关、国家安全机关、人民检察院、人民法院为代表的侦查、审查起诉和审判机关。

在诉讼活动中，以公安机关、国家安全机关、人民检察院、人民法院为代表的侦查、审查起诉和审判机关是国家专门指定的办案机关。在本通则中，有权决定司法鉴定委托的就是上述办案机关。根据我国三大诉讼法的相关规定，公诉案件在侦查阶段由公安机关、国家安全机关、检察机关决定鉴定；在起诉阶段由公诉机关或侦查机关决定鉴定；在审判阶段由人民法院决定鉴定。刑事自诉、民事、行政、经济等案件的鉴定由人民法院决定。

在诉讼活动之外，根据本通则第 49 条的规定，司法鉴定机构仍然可以依法接受行政机关、企事业单位、社会团体等单位和公民个人的委托，提供鉴定服务。

第四十九条 在诉讼活动之外，司法鉴定机构和司法鉴定人依法开展相关鉴定业务的，参照本通则规定执行。

>>>【释义】 本条是关于司法鉴定机构和司法鉴定人可以在诉讼活动之外提供鉴定服务，提供鉴定服务时参照本通则执行的规定。

本条有两层含义。

第一，司法鉴定机构和司法鉴定人可以在诉讼活动之外开展鉴定业务，为有关单位、个人提供鉴定服务。本通则调整的对象主要是司法鉴定机构和司法鉴定人在诉讼活动中的司法鉴定服务，但实践中，司法鉴定机构和司法鉴定人也接受相关部门、单位或者公民个人的委托，为行政执法、仲裁、调解、公证、保险理赔等非诉讼活动提供鉴定服务。根据《民事诉讼法》第 187 条第 1 款、第 188 条规定，申请认定公民无民事行为能力或者限制民事行为能力，由其近亲属或者其他利害关系人向该公民住所地基层人民法院提出。人民法院受理申请后，必要时应当对被请求认定为无民事行为能力或者限制民事行为能力的公民进行鉴定。申请人已提供鉴定意见的，应当对鉴定意见进行审查。《最高人民法院关于民事诉讼证据的若干规定》（2019 年修正）第 41 条规定，对于一方当事人就专门性问题自行委托有关机构或者人员出具的意见，另一方当事人有证据或者理由足以反驳并申请鉴定的，人民法院应予准许。再如，《司法鉴定机构登记管理办法》第 31 条第 1 款规定，司法机关和公民、组织可以委托列入司法鉴定人和司法鉴定机构名册的司法鉴定机构及司法鉴定人进行鉴定。此外，司法鉴定机构、司法鉴定人还承担精神障碍医学鉴定非诉鉴定服务的任务。《精神卫生法》（2018 年修正）第 32 条规定，需要实施住院治疗的精神病患者或者其监护人对再次诊断结论有异议的，可以自主委托依法取得执业资质的鉴定机构进行精神障碍医学鉴定。这里"依法取得执业资质的鉴定机构"是指经司法行政部门审核、登记，取得精神障碍鉴定执业资质的司法鉴定机构。精神障碍医学鉴定在性质上不属于司法鉴定，而属于医学鉴定。

第二，司法鉴定机构和司法鉴定人在诉讼活动之外提供鉴定服务时，应当参照本通则执行。一方面，司法鉴定机构和司法鉴定人经司法行政机关审核、登记后，即取得司法鉴定的权威资质，意味着其提供的鉴定服务科学、客观、公正，可信、可靠。政府机关、企事业单位和公民个人委托司法鉴定机构和司法鉴定人提供鉴定服务，看重的就是这种权威资质。另一方面，当事人通过自行委托取得鉴定意见后，有可能再提起诉讼，此时当事人所提交的鉴定意见，如果经法庭认可，即转化为司法鉴定意见。因此，鉴定机构和鉴定人在提供非诉领域的鉴定服务时，为保障鉴定质量和鉴定意见的合法性，仍然需要执行本通则的规定。如鉴定机构统一接受委托、2 名以上的鉴定人进行鉴定、鉴定过程全称记录、鉴定材料的管理符合要求、鉴定意见的形式要件完备等。

第五十条 本通则自 2016 年 5 月 1 日起施行。司法部 2007 年 8 月 7 日发布的《司法鉴定程序通则》（司法部第 107 号令）同时废止。

>>>【释义】 本条是关于规定了本通则生效的时间和旧通则废止的规定。根据立法惯例，制定机关有权宣布生效时间，并在颁布法律、法规、规章时，明文规定旧法废止，以便执行。制定本条的目的，就是要向社会宣布本通则的生效时间。

本条的主要内容有两个：

1. 公告生效时间。生效时间是法律、法规、规章及一些重要规范性文件的必备内容，主要规定法律、法规、规章或者规范性文件正式实施的起始时间。本通则规定的生效时间是2016年5月1日，表明自该日起本通则将产生法律效力。本通则公布于2016年3月2日，正式施行于2016年5月1日，其间设定了近2个月的过渡期。这主要是考虑到在本通则施行前，有关方面需要做相关准备工作。比如，司法鉴定机构、司法鉴定人需要重新学习、了解和掌握新修订的《司法鉴定程序通则》的有关内容；司法鉴定机构需要根据新修订的《司法鉴定程序通则》，修改内部的鉴定程序规则、业务操作规程以及内部管理制度；司法行政机关需要依据新修订的《司法鉴定程序通则》对原有的规范性文件进行清理等。为法律、法规、规章预留一定的实施准备时间是立法的惯例，《司法鉴定程序通则》从实际需要出发采用了这一做法。

2. 宣布旧规定废止。新通则正式施行，司法部2007年8月7日发布的原通则同时废止。新通则是在原通则基础上重新制定的，既保留了原通则的合理内容，同时又根据新形势的要求和司法鉴定工作发展的实际需要做了较大幅度的修订。因此，新通则是对原通则的继承和发展，是取代原通则的新规定。新通则生效，原通则必然同时废止。在执行过程中，特别要注意处理好新旧规定的衔接。根据法无溯及既往的现代法治原则，新通则并无溯及力，即对生效之日前实施的司法鉴定及有关争议、纠纷没有约束力。具体地说，凡是新通则生效之日后实施的司法鉴定及由此引发的争议、纠纷，应当依据新通则处理；新通则生效之日前实施的司法鉴定及有关争议、纠纷，应当依据原通则处理；司法鉴定实施于新通则生效之日前，所引发的争议、纠纷延续到新通则生效之日后的，或者在新通则生效之日后才发现问题、产生争议的，应当依据原通则处理。

第三部分

附 录

关于《司法鉴定程序通则
（修订草案）》的说明

（2015 年 12 月 7 日）

一、修订背景及过程

2005 年《全国人民代表大会常务委员会关于司法鉴定管理问题的决定》颁布实施后，我部先后制定了 4 部规章，分别是《司法鉴定机构登记管理办法》《司法鉴定人登记管理办法》《司法鉴定程序通则》《司法鉴定执业活动投诉处理办法》。其中，现行的《司法鉴定程序通则》自 2007 年颁布实施以来，对规范司法鉴定执业活动、维护司法公正发挥了积极作用，得到社会广泛认可。

党的十八届四中全会提出的健全统一司法鉴定管理体制、完善以审判为中心的诉讼制度等改革举措对优化鉴定程序、提高鉴定质量提出了新的要求。修改后的三大诉讼法对鉴定程序的启动、鉴定人的确定以及鉴定人出庭作证等方面作出了新的规定。随着司法鉴定工作不断发展，司法鉴定执业活动中出现了重复鉴定较多、对鉴定程序问题投诉较多等新情况、新问题，现行的《司法鉴定程序通则》已不能完全适应新的要求。

因此，有必要对通则加以修改完善，以进一步规范司法鉴定执业活动，提高司法鉴定公信力。

根据司法部 2015 年制度建设工作计划安排，司法鉴定局在广泛调研、深入论证的基础上，起草了《司法鉴定程序通则（修订草案初稿）》，法制司进行了认真审核，形成草案征求意见稿。通过召开座谈会、书面征求意见等形式，先后两次征求了各省（区、市）司法厅（局）、部司法鉴定科学技术研究所以及专家学者的意见。根据反馈意见，法制司会同司法鉴定局作了进一步修改完善。10 月，再次征求了最高法、最高检、公安部、国家安全部等中央政法部门和十家国家级鉴定机构的意见。在充分吸收各方意见的基础上，形成了目前的《司法鉴定程序通则（修订草案）》（以下简称"草案"）。

二、修订遵循的原则

1. 坚持贯彻落实中央关于司法鉴定管理体制改革的部署和全国人大常委会决定。党的十八届四中全会明确提出健全统一司法鉴定管理体制的任务。《全国人民代表大会常务委员会关于司法鉴定管理问题的决定》是完善司法鉴定管理制度的法律依据。草案坚决贯彻中央部署，严格依据全国人大常委会决定，完善鉴定实施程序，确保司法鉴定活动做到依法规范有序。

2. 坚持以提高鉴定质量为核心，着力优化鉴定程序。草案认真总结原通则实施以来的实践经验和研究成果，从确保司法鉴定活动合法、公正，维护诉讼当事人合法权益出发，健全完善了鉴定事项受理、实施、鉴定意见书出具等方面的程序要求，力求使鉴定程序符合司法鉴定活动的内在规律，更好地服务诉讼活动。

3. 坚持以问题为导向，着力解决实践中存在的突出问题。草案针对实践中司法鉴定投诉案件反映出的突出问题以及司法行政机关监督管理的薄弱环节，着力细化司法鉴定活动各环节的程序规范，强化流程控制，努力避免和减少鉴定争议。

三、需要说明的主要问题

草案共六章 50 条，新增 10 条。主要修改如下：

1. 进一步优化司法鉴定程序。优化司法鉴定程序、规范鉴定执业行为是提高鉴定质量和鉴定公信力的关键。为保证司法鉴定活动规范有序开展，草案明确了司法鉴定人回避的具体情形和程序（第 20、21 条），严格鉴定人到现场提取检材的程序要求（第 24 条），完善了终止鉴定、重新鉴定的规定（第 29、31、32 条）。

2. 进一步健全司法鉴定防错纠错机制。草案强调，补充鉴定应当由原司法鉴定人进行鉴定（第 30 条）；提高了重新鉴定的司法鉴定人资质条件，规定重新鉴定的司法鉴定人中至少有 1 名具有相关专业高级技术职称（第 32 条）；完善了专家参加咨询的相关要求（第 33 条）；明确了司法鉴定机构指定具有相应资质的人员对鉴定程序和鉴定意见进行复核的要求（第 35 条）。

3. 进一步完善司法鉴定文书规范。根据鉴定实践的需要，草案对鉴定文书的种类、内容、出具等作了进一步完善。草案明确，司法鉴定机构决定受理鉴定委托的，应当与委托人签订司法鉴定委托书，并对司法鉴定委托书的内容进行了修改完善（第 16 条）；强调司法鉴定机构和司法鉴定人应当按照统一的文本格式制作司法鉴定意见书（第36条）；增加了对有瑕疵的司法鉴定意见书进行补正的条件和补正措施（第41条）。

4. 进一步规范鉴定机构与诉讼当事人之间的关系。针对当前司法鉴定投诉案件数量较多，个别诉讼当事人影响司法鉴定机构和司法鉴定人正常执业等现象，草案规定，司法鉴定人不得违反规定会见诉讼当事人或其委托的人（第5条），司法鉴定机构只能受理办案机关的司法鉴定委托（第11条），诉讼当事人对鉴定材料有异议的，应当向委托人提出（第12条），从制度上避免鉴定机构和鉴定人的鉴定活动受到非法干扰，保障鉴定活动合法、公正。

5. 对鉴定人出庭作证进行了规范。为贯彻实施修改后的三大诉讼法关于鉴定人出庭作证的有关规定，落实以审判为中心的诉讼制度改革要求，草案新增加"司法鉴定人出庭作证"一章作为第五章，明确规定司法鉴定人无正当理由不得拒绝出庭作证，司法鉴定人出庭作证必须遵守诉讼程序和法庭规则，司法鉴定机构应当支持司法鉴定人出庭作证等（第43~46条）。

此外，草案还修改了部分文字，对一些条款顺序作了调整。

四、发文形式

本通则作为司法部规章，经部务会议审议通过后，以司法部令的形式发布。

司法部关于认真学习贯彻执行修订后
《司法鉴定程序通则》 的通知

（司发通［2016］27号）

各省、自治区、直辖市司法厅（局），新疆生产建设兵团司法局：

为深入推进司法鉴定管理体制改革，司法部于今年3月发布了修订后的《司法鉴定程序通则》（司法部令第132号），自2016年5月1日起正式实施。为做好修订后的《司法鉴定程序通则》（以下简称修订后《通则》）学习贯彻执行工作，现就有关要求通知如下：

一、充分认识修订《通则》的重要意义

现行的《司法鉴定程序通则》自2007年颁布实施以来，对规范司法鉴定执业活动、维护司法公正发挥了积极作用，得到社会广泛认可。但随着司法鉴定工作不断发展，司法鉴定执业活动中出现了重复鉴定较多、因鉴定程序问题提起投诉较多等新情况、新问题，现行的《司法鉴定程序通则》已不能完全适应新的要求。修订后《通则》以解决近年来司法鉴定执业活动中的突出问题为导向，按照党的十八届四中全会对司法

鉴定工作的新部署，适应修改后的三大诉讼法对司法鉴定活动的新要求，对司法鉴定程序、防错纠错机制、文书规范、出庭作证等作了进一步完善，对于进一步规范司法鉴定执业活动，提高司法鉴定公信力具有重要意义。各级司法行政机关要站在推进健全统一司法鉴定管理体制改革的高度，紧密结合加强执业监管、提高鉴定质量，把学习贯彻执行修订后《通则》作为今年司法鉴定管理工作的一项重要任务，认真组织部署，切实抓好落实，确保修订后《通则》各项规定落到实处。

二、认真做好司法鉴定管理干部和司法鉴定人教育培训

各地要在今年年底前，组织司法鉴定管理干部系统学习修订后《通则》，正确理解修订后《通则》的新规定、新要求。要把《通则》学习培训作为今年司法鉴定人继续教育的重点内容，结合司法鉴定人执业特点，采取集中培训、网络教学和在岗自学相结合等方式开展培训，使广大司法鉴定人深入理解和熟练掌握修订后《通则》的规定和内容，提高贯彻修订后《通则》、依法实施鉴定的自觉性，努力为促进司法公正、维护社会正义服务。

三、切实抓好修订后《通则》的贯彻执行

要紧紧围绕修订后的《通则》在优化司法鉴定程序、健全司法鉴定防错纠错机制、完善司法鉴定文书规范、规范鉴定机构与诉讼当事人之间的关系以及鉴定人出庭作证等方面的新规定，针对当前司法鉴定活动中存在的突出问题进行督导，严格依法查处违反修订后《通则》及其他违法违纪行为，不护短、不手软，绝不允许少数违法违纪行为损害司法鉴定行业声

誉，切实规范司法鉴定活动，保证诉讼活动顺利进行。要结合修订后《通则》的实施，抓紧做好本地司法鉴定鉴定收费标准制定工作，加快推动司法鉴定机构规范化建设，建立完善司法鉴定质量的评查、检查机制，努力提高司法鉴定质量，促进司法鉴定工作水平不断提高。要采取多种方式大力宣传修订后《通则》，增加司法鉴定活动透明度，让全社会了解和关心司法鉴定工作，树立司法鉴定行业和司法鉴定队伍"客观公正、科学规范"的良好社会形象。

各地贯彻执行情况请及时报部。

司法部

2016 年 3 月 22 日

全国人民代表大会常务委员会
关于司法鉴定管理问题的决定

（2005 年 2 月 28 日第十届全国人民代表大会常务委员会第十四次会议通过）

为了加强对鉴定人和鉴定机构的管理，适应司法机关和公民、组织进行诉讼的需要，保障诉讼活动的顺利进行，特作如下决定：

一、司法鉴定是指在诉讼活动中鉴定人运用科学技术或者专门知识对诉讼涉及的专门性问题进行鉴别和判断并提供鉴定意见的活动。

二、国家对从事下列司法鉴定业务的鉴定人和鉴定机构实行登记管理制度：

（一）法医类鉴定；

（二）物证类鉴定；

（三）声像资料鉴定；

（四）根据诉讼需要由国务院司法行政部门商最高人民法院、最高人民检察院确定的其他应当对鉴定人和鉴定机构实行登记管理的鉴定事项。

法律对前款规定事项的鉴定人和鉴定机构的管理另有规定的，从其规定。

三、国务院司法行政部门主管全国鉴定人和鉴定机构的登记管理工作。省级人民政府司法行政部门依照本决定的规定，负责对鉴定人和鉴定机构的登记、名册编制和公告。

四、具备下列条件之一的人员，可以申请登记从事司法鉴定业务：

（一）具有与所申请从事的司法鉴定业务相关的高级专业技术职称；

（二）具有与所申请从事的司法鉴定业务相关的专业执业资格或者高等院校相关专业本科以上学历，从事相关工作五年以上；

（三）具有与所申请从事的司法鉴定业务相关工作十年以上经历，具有较强的专业技能。

因故意犯罪或者职务过失犯罪受过刑事处罚的，受过开除公职处分的，以及被撤销鉴定人登记的人员，不得从事司法鉴定业务。

五、法人或者其他组织申请从事司法鉴定业务的，应当具备下列条件：

（一）有明确的业务范围；

（二）有在业务范围内进行司法鉴定所必需的仪器、设备；

（三）有在业务范围内进行司法鉴定所必需的依法通过计量认证或者实验室认可的检测实验室；

（四）每项司法鉴定业务有三名以上鉴定人。

六、申请从事司法鉴定业务的个人、法人或者其他组织，由省级人民政府司法行政部门审核，对符合条件的予以登记，编入鉴定人和鉴定机构名册并公告。

省级人民政府司法行政部门应当根据鉴定人或者鉴定机构的增加和撤销登记情况，定期更新所编制的鉴定人和鉴定机构名册并公告。

七、侦查机关根据侦查工作的需要设立的鉴定机构，不得面向社会接受委托从事司法鉴定业务。

人民法院和司法行政部门不得设立鉴定机构。

八、各鉴定机构之间没有隶属关系；鉴定机构接受委托从事司法鉴定业务，不受地域范围的限制。

鉴定人应当在一个鉴定机构中从事司法鉴定业务。

九、在诉讼中，对本决定第二条所规定的鉴定事项发生争议，需要鉴定的，应当委托列入鉴定人名册的鉴定人进行鉴定。鉴定人从事司法鉴定业务，由所在的鉴定机构统一接受委托。

鉴定人和鉴定机构应当在鉴定人和鉴定机构名册注明的业务范围内从事司法鉴定业务。

鉴定人应当依照诉讼法律规定实行回避。

十、司法鉴定实行鉴定人负责制度。鉴定人应当独立进行鉴定，对鉴定意见负责并在鉴定书上签名或者盖章。多人参加的鉴定，对鉴定意见有不同意见的，应当注明。

十一、在诉讼中，当事人对鉴定意见有异议的，经人民法院依法通知，鉴定人应当出庭作证。

十二、鉴定人和鉴定机构从事司法鉴定业务，应当遵守法律、法规，遵守职业道德和职业纪律，尊重科学，遵守技术操作规范。

十三、鉴定人或者鉴定机构有违反本决定规定行为的，由省级人民政府司法行政部门予以警告，责令改正。

鉴定人或者鉴定机构有下列情形之一的，由省级人民政府司法行政部门给予停止从事司法鉴定业务三个月以上一年以下的处罚；情节严重的，撤销登记：

（一）因严重不负责任给当事人合法权益造成重大损失的；

（二）提供虚假证明文件或者采取其他欺诈手段，骗取登记的；

（三）经人民法院依法通知，拒绝出庭作证的；

（四）法律、行政法规规定的其他情形。

鉴定人故意作虚假鉴定，构成犯罪的，依法追究刑事责任；尚不构成犯罪的，依照前款规定处罚。

十四、司法行政部门在鉴定人和鉴定机构的登记管理工作中，应当严格依法办事，积极推进司法鉴定的规范化、法制化。对于滥用职权、玩忽职守，造成严重后果的直接责任人员，应当追究相应的法律责任。

十五、司法鉴定的收费项目和收费标准由国务院司法行政部门商国务院价格主管部门确定。

十六、对鉴定人和鉴定机构进行登记、名册编制和公告的具体办法，由国务院司法行政部门制定，报国务院批准。

十七、本决定下列用语的含义是：

（一）法医类鉴定，包括法医病理鉴定、法医临床鉴定、法医精神病鉴定、法医物证鉴定和法医毒物鉴定。

（二）物证类鉴定，包括文书鉴定、痕迹鉴定和微量鉴定。

（三）声像资料鉴定，包括对录音带、录像带、磁盘、光盘、图片等载体上记录的声音、图像信息的真实性、完整性及其所反映的情况过程进行的鉴定和对记录的声音、图像中的语言、人体、物体作出种类或者同一认定。

十八、本决定自 2005 年 10 月 1 日起施行。

全国人民代表大会常务委员会关于修改《中华人民共和国义务教育法》等五部法律的决定

（2015 年 4 月 24 日第十二届全国人民代表大会常务委员会第十四次会议通过）

第十二届全国人民代表大会常务委员会第十四次会议决定，对下列法律和有关法律问题的决定中有关价格管理的规定作出修改：

……

五、对《全国人民代表大会常务委员会关于司法鉴定管理问题的决定》作出修改

将第十五条修改为："司法鉴定的收费标准由省、自治区、直辖市人民政府价格主管部门会同同级司法行政部门制定。"

本决定自公布之日起施行。

司法鉴定机构登记管理办法

（2005 年 9 月 29 日发布　2005 年 9 月 30 日实施　司法部令第 95 号）

第一章　总　则

第一条　为了加强对司法鉴定机构的管理，规范司法鉴定活动，建立统一的司法鉴定管理体制，适应司法机关和公民、组织的诉讼需要，保障当事人的诉讼权利，促进司法公正与效率，根据《全国人民代表大会常务委员会关于司法鉴定管理问题的决定》和其他相关法律、法规，制定本办法。

第二条　司法鉴定机构从事《全国人民代表大会常务委员会关于司法鉴定管理问题的决定》第二条规定的司法鉴定业务，适用本办法。

第三条　本办法所称的司法鉴定机构是指从事《全国人民代表大会常务委员会关于司法鉴定管理问题的决定》第二条规定的司法鉴定业务的法人或者其他组织。

司法鉴定机构是司法鉴定人的执业机构，应当具备本办法规定的条件，经省级司法行政机关审核登记，取得《司法鉴定许可证》，在登记的司法鉴定业务范围内，开展司法鉴定活动。

第四条　司法鉴定管理实行行政管理与行业管理相结合的管理制度。

司法行政机关对司法鉴定机构及其司法鉴定活动依法进行指导、管理和监督、检查。司法鉴定行业协会依法进行自律管理。

第五条　全国实行统一的司法鉴定机构及司法鉴定人审核登记、名册编制和名册公告制度。

第六条　司法鉴定机构的发展应当符合统筹规划、合理布局、优化结构、有序发展的要求。

第七条　司法鉴定机构开展司法鉴定活动应当遵循合法、中立、规范、及时的原则。

第八条　司法鉴定机构统一接受委托，组织所属的司法鉴定人开展司法鉴定活动，遵守法律、法规和有关制度，执行统一的司法鉴定实施程序、技术标准和技术操作规范。

第二章　主管机关

第九条　司法部负责全国司法鉴定机构的登记管理工作，依法履行下列职责：

（一）制定全国司法鉴定发展规划并指导实施；

（二）指导和监督省级司法行政机关对司法鉴定机构的审核登记、名册编制和名册公告工作；

（三）制定全国统一的司法鉴定机构资质管理评估制度和司法鉴定质量管理评估制度并指导实施；

（四）组织制定全国统一的司法鉴定实施程序、技术标准和技术操作规范等司法鉴定技术管理制度并指导实施；

（五）指导司法鉴定科学技术研究、开发、引进与推广，组织司法鉴定业务的中外交流与合作；

（六）法律、法规规定的其他职责。

第十条　省级司法行政机关负责本行政区域内司法鉴定机构登记管理工作，依法履行下列职责：

（一）制定本行政区域司法鉴定发展规划并组织实施；

（二）负责司法鉴定机构的审核登记、名册编制和名册公告工作；

（三）负责司法鉴定机构资质管理评估和司法鉴定质量管理评估工作；

（四）负责对司法鉴定机构进行监督、检查；

（五）负责对司法鉴定机构违法违纪的执业行为进行调查处理；

（六）组织司法鉴定科学技术开发、推广和应用；

（七）法律、法规和规章规定的其他职责。

第十一条　省级司法行政机关可以委托下一级司法行政机关协助办理本办法第十条规定的有关工作。

第十二条　司法行政机关负责监督指导司法鉴定行业协会及其专业委员会依法开展活动。

第三章　申请登记

第十三条　司法鉴定机构的登记事项包括：名称、住所、法定代表人或者鉴定机构负责人、资金数额、仪器设备和实验室、司法鉴定人、司法鉴定业务范围等。

第十四条　法人或者其他组织申请从事司法鉴定业务，应当具备下列条件：

　　（一）有自己的名称、住所；

　　（二）有不少于二十万至一百万元人民币的资金；

　　（三）有明确的司法鉴定业务范围；

　　（四）有在业务范围内进行司法鉴定必需的仪器、设备；

　　（五）有在业务范围内进行司法鉴定必需的依法通过计量认证或者实验室认可的检测实验室；

　　（六）每项司法鉴定业务有三名以上司法鉴定人。

　　第十五条　法人或者其他组织申请从事司法鉴定业务，应当提交下列申请材料：

　　（一）申请表；

　　（二）证明申请者身份的相关文件；

　　（三）住所证明和资金证明；

　　（四）相关的行业资格、资质证明；

　　（五）仪器、设备说明及所有权凭证；

　　（六）检测实验室相关资料；

　　（七）司法鉴定人申请执业的相关材料；

　　（八）相关的内部管理制度材料；

　　（九）应当提交的其他材料。

　　申请人应当对申请材料的真实性、完整性和可靠性负责。

　　第十六条　申请设立具有独立法人资格的司法鉴定机构，除应当提交本办法第十五条规定的申请材料外，还应当提交司法鉴定机构章程，按照司法鉴定机构名称管理的有关规定向司法行政机关报核其机构名称。

　　第十七条　司法鉴定机构在本省（自治区、直辖市）行政区域内设立分支机构的，分支机构应当符合本办法第十四条规定的条件，并经省级司法行政机关审核登记后，方可依法开展司法鉴定活动。

跨省（自治区、直辖市）设立分支机构的，除应当经拟设分支机构所在行政区域的省级司法行政机关审核登记外，还应当报经司法鉴定机构所在行政区域的省级司法行政机关同意。

第十八条 司法鉴定机构应当参加司法鉴定执业责任保险或者建立执业风险金制度。

第四章　审核登记

第十九条 法人或者其他组织申请从事司法鉴定业务，有下列情形之一的，司法行政机关不予受理，并出具不予受理决定书：

（一）法定代表人或者鉴定机构负责人受过刑事处罚或者开除公职处分的；

（二）法律、法规规定的其他情形。

第二十条 司法行政机关决定受理申请的，应当出具受理决定书，并按照法定的时限和程序完成审核工作。

司法行政机关应当组织专家，对申请人从事司法鉴定业务必需的仪器、设备和检测实验室进行评审，评审的时间不计入审核时限。

第二十一条 经审核符合条件的，省级司法行政机关应当作出准予登记的决定，颁发《司法鉴定许可证》；不符合条件的，作出不予登记的决定，书面通知申请人并说明理由。

第二十二条 《司法鉴定许可证》是司法鉴定机构的执业凭证，司法鉴定机构必须持有省级司法行政机关准予登记的决定及《司法鉴定许可证》，方可依法开展司法鉴定活动。

《司法鉴定许可证》由司法部统一监制，分为正本和副本。《司法鉴定许可证》正本和副本具有同等的法律效力。

《司法鉴定许可证》使用期限为五年，自颁发之日起计算。

《司法鉴定许可证》应当载明下列内容：

（一）机构名称；

（二）机构住所；

（三）法定代表人或者鉴定机构负责人姓名；

（四）资金数额；

（五）业务范围；

（六）使用期限；

（七）颁证机关和颁证时间；

（八）证书号码。

第二十三条 司法鉴定资源不足的地区，司法行政机关可以采取招标的方式审核登记司法鉴定机构。招标的具体程序、时限按照有关法律、法规的规定执行。

第五章 变更、延续和注销

第二十四条 司法鉴定机构要求变更有关登记事项的，应当及时向原负责登记的司法行政机关提交变更登记申请书和相关材料，经审核符合本办法规定的，司法行政机关应当依法办理变更登记手续。

第二十五条 司法鉴定机构变更后的登记事项，应当在《司法鉴定许可证》副本上注明。在《司法鉴定许可证》使用期限内获准变更的事项，使用期限应当与《司法鉴定许可证》

的使用期限相一致。

第二十六条 《司法鉴定许可证》使用期限届满后，需要延续的，司法鉴定机构应当在使用期限届满三十日前，向原负责登记的司法行政机关提出延续申请，司法行政机关依法审核办理。延续的条件和需要提交的申请材料按照本办法第三章申请登记的有关规定执行。

不申请延续的司法鉴定机构，《司法鉴定许可证》使用期限届满后，由原负责登记的司法行政机关办理注销登记手续。

第二十七条 司法鉴定机构有下列情形之一的，原负责登记的司法行政机关应当依法办理注销登记手续：

（一）依法申请终止司法鉴定活动的；

（二）自愿解散或者停业的；

（三）登记事项发生变化，不符合设立条件的；

（四）《司法鉴定许可证》使用期限届满未申请延续的；

（五）法律、法规规定的其他情形。

第六章 名册编制和公告

第二十八条 凡经司法行政机关审核登记的司法鉴定机构及司法鉴定人，必须统一编入司法鉴定人和司法鉴定机构名册并公告。

第二十九条 省级司法行政机关负责编制本行政区域的司法鉴定人和司法鉴定机构名册，报司法部备案后，在本行政区域内每年公告一次。司法部负责汇总省级司法行政机关编制的司法鉴定人和司法鉴定机构名册，在全国范围内每五年公告一次。

未经司法部批准，其他部门和组织不得以任何名义编制司法鉴定人和司法鉴定机构名册或者类似名册。

第三十条 司法鉴定人和司法鉴定机构名册分为电子版和纸质版。电子版由司法行政机关负责公告,纸质版由司法行政机关组织司法鉴定机构在有关媒体上公告并正式出版。

第三十一条 司法机关和公民、组织可以委托列入司法鉴定人和司法鉴定机构名册的司法鉴定机构及司法鉴定人进行鉴定。

在诉讼活动中,对《全国人民代表大会常务委员会关于司法鉴定管理问题的决定》第二条所规定的鉴定事项发生争议,需要鉴定的,司法机关和公民、组织应当委托列入司法鉴定人和司法鉴定机构名册的司法鉴定机构及司法鉴定人进行鉴定。

第三十二条 编制、公告司法鉴定人和司法鉴定机构名册的具体程序、内容和格式由司法部另行制定。

第七章 监督管理

第三十三条 司法行政机关应当按照统一部署,依法对司法鉴定机构进行监督、检查。

公民、法人和其他组织对司法鉴定机构违反本办法规定的行为进行举报、投诉的,司法行政机关应当及时进行监督、检查,并根据调查结果进行处理。

第三十四条 司法行政机关可以就下列事项,对司法鉴定机构进行监督、检查:

(一)遵守法律、法规和规章的情况;

(二)遵守司法鉴定程序、技术标准和技术操作规范的情况;

（三）所属司法鉴定人执业的情况；

（四）法律、法规和规章规定的其他事项。

第三十五条 司法行政机关对司法鉴定机构进行监督、检查时，可以依法查阅或者要求司法鉴定机构报送有关材料。司法鉴定机构应当如实提供有关情况和材料。

第三十六条 司法行政机关对司法鉴定机构进行监督、检查时，不得妨碍司法鉴定机构的正常业务活动，不得索取或者收受司法鉴定机构的财物，不得谋取其他不正当利益。

第三十七条 司法行政机关对司法鉴定机构进行资质评估，对司法鉴定质量进行评估。评估结果向社会公开。

第八章　法律责任

第三十八条 法人或者其他组织未经登记，从事已纳入本办法调整范围司法鉴定业务的，省级司法行政机关应当责令其停止司法鉴定活动，并处以违法所得一至三倍的罚款，罚款总额最高不得超过三万元。

第三十九条 司法鉴定机构有下列情形之一的，由省级司法行政机关依法给予警告，并责令其改正：

（一）超出登记的司法鉴定业务范围开展司法鉴定活动的；

（二）未经依法登记擅自设立分支机构的；

（三）未依法办理变更登记的；

（四）出借《司法鉴定许可证》的；

（五）组织未取得《司法鉴定人执业证》的人员从事司法鉴定业务的；

（六）无正当理由拒绝接受司法鉴定委托的；

（七）违反司法鉴定收费管理办法的；

（八）支付回扣、介绍费，进行虚假宣传等不正当行为的；

（九）拒绝接受司法行政机关监督、检查或者向其提供虚假材料的；

（十）法律、法规和规章规定的其他情形。

第四十条　司法鉴定机构有下列情形之一的，由省级司法行政机关依法给予停止从事司法鉴定业务三个月以上一年以下的处罚；情节严重的，撤销登记：

（一）因严重不负责任给当事人合法权益造成重大损失的；

（二）具有本办法第三十九条规定的情形之一，并造成严重后果的；

（三）提供虚假证明文件或采取其他欺诈手段，骗取登记的；

（四）法律、法规规定的其他情形。

第四十一条　司法鉴定机构在开展司法鉴定活动中因违法和过错行为应当承担民事责任的，按照民事法律的有关规定执行。

第四十二条　司法行政机关的工作人员在管理工作中滥用职权、玩忽职守造成严重后果的，依法追究相应的法律责任。

第四十三条　司法鉴定机构对司法行政机关的行政许可和行政处罚有异议的，可以依法申请行政复议。

第九章　附　则

第四十四条　本办法所称司法鉴定机构不含《全国人民代表大会常务委员会关于司法鉴定管理问题的决定》第七条

规定的鉴定机构。

第四十五条　本办法自公布之日起施行。2000 年 8 月 14 日公布的《司法鉴定机构登记管理办法》（司法部令第 62 号）同时废止。

司法鉴定人登记管理办法

（2005 年 9 月 29 日公布　2005 年 9 月 30 日实施　司法部令第 96 号）

第一章　总　则

第一条　为了加强对司法鉴定人的管理，规范司法鉴定活动，建立统一的司法鉴定管理体制，适应司法机关和公民、组织的诉讼需要，保障当事人的诉讼权利，促进司法公正和效率，根据《全国人民代表大会常务委员会关于司法鉴定管理问题的决定》和其他相关法律、法规，制定本办法。

第二条　司法鉴定人从事《全国人民代表大会常务委员会关于司法鉴定管理问题的决定》第二条规定的司法鉴定业务，适用本办法。

第三条　本办法所称的司法鉴定人是指运用科学技术或者专门知识对诉讼涉及的专门性问题进行鉴别和判断并提出鉴定意见的人员。

司法鉴定人应当具备本办法规定的条件，经省级司法行政机关审核登记，取得《司法鉴定人执业证》，按照登记的司法鉴定执业类别，从事司法鉴定业务。

司法鉴定人应当在一个司法鉴定机构中执业。

第四条 司法鉴定管理实行行政管理与行业管理相结合的管理制度。

司法行政机关对司法鉴定人及其执业活动进行指导、管理和监督、检查，司法鉴定行业协会依法进行自律管理。

第五条 全国实行统一的司法鉴定机构及司法鉴定人审核登记、名册编制和名册公告制度。

第六条 司法鉴定人应当科学、客观、独立、公正地从事司法鉴定活动，遵守法律、法规的规定，遵守职业道德和职业纪律，遵守司法鉴定管理规范。

第七条 司法鉴定人执业实行回避、保密、时限和错鉴责任追究制度。

第二章　主管机关

第八条 司法部负责全国司法鉴定人的登记管理工作，依法履行下列职责：

（一）指导和监督省级司法行政机关对司法鉴定人的审核登记、名册编制和名册公告工作；

（二）制定司法鉴定人执业规则和职业道德、职业纪律规范；

（三）制定司法鉴定人诚信等级评估制度并指导实施；

（四）会同国务院有关部门制定司法鉴定人专业技术职称评聘标准和办法；

（五）制定和发布司法鉴定人继续教育规划并指导实施；

（六）法律、法规规定的其他职责。

第九条　省级司法行政机关负责本行政区域内司法鉴定人的登记管理工作，依法履行下列职责：

（一）负责司法鉴定人的审核登记、名册编制和名册公告；

（二）负责司法鉴定人诚信等级评估工作；

（三）负责对司法鉴定人进行监督、检查；

（四）负责对司法鉴定人违法违纪执业行为进行调查处理；

（五）组织开展司法鉴定人专业技术职称评聘工作；

（六）组织司法鉴定人参加司法鉴定岗前培训和继续教育；

（七）法律、法规和规章规定的其他职责。

第十条　省级司法行政机关可以委托下一级司法行政机关协助办理本办法第九条规定的有关工作。

第三章　执业登记

第十一条　司法鉴定人的登记事项包括：姓名、性别、出生年月、学历、专业技术职称或者行业资格、执业类别、执业机构等。

第十二条　个人申请从事司法鉴定业务，应当具备下列条件：

（一）拥护中华人民共和国宪法，遵守法律、法规和社会公德，品行良好的公民；

（二）具有相关的高级专业技术职称；或者具有相关的行业执业资格或者高等院校相关专业本科以上学历，从事相关工作五年以上；

（三）申请从事经验鉴定型或者技能鉴定型司法鉴定业务的，应当具备相关专业工作十年以上经历和较强的专业技能；

（四）所申请从事的司法鉴定业务，行业有特殊规定的，应当符合行业规定；

（五）拟执业机构已经取得或者正在申请《司法鉴定许可证》；

（六）身体健康，能够适应司法鉴定工作需要。

第十三条　有下列情形之一的，不得申请从事司法鉴定业务：

（一）因故意犯罪或者职务过失犯罪受过刑事处罚的；

（二）受过开除公职处分的；

（三）被司法行政机关撤销司法鉴定人登记的；

（四）所在的司法鉴定机构受到停业处罚，处罚期未满的；

（五）无民事行为能力或者限制行为能力的；

（六）法律、法规和规章规定的其他情形。

第十四条　个人申请从事司法鉴定业务，应当由拟执业的司法鉴定机构向司法行政机关提交下列材料：

（一）申请表；

（二）身份证、专业技术职称、行业执业资格、学历、符合特殊行业要求的相关资格、从事相关专业工作经历、专业技术水平评价及业务成果等证明材料；

（三）应当提交的其他材料。

个人兼职从事司法鉴定业务的，应当符合法律、法规的规定，并提供所在单位同意其兼职从事司法鉴定业务的书面意见。

第十五条　司法鉴定人审核登记程序、期限参照《司法鉴定机构登记管理办法》中司法鉴定机构审核登记的相关规定办理。

第十六条　经审核符合条件的，省级司法行政机关应当作出准予执业的决定，颁发《司法鉴定人执业证》；不符合条件的，作出不予登记的决定，书面通知其所在司法鉴定机构并说明理由。

第十七条　《司法鉴定人执业证》由司法部统一监制。《司法鉴定人执业证》是司法鉴定人的执业凭证。

《司法鉴定人执业证》使用期限为五年，自颁发之日起计算。

《司法鉴定人执业证》应当载明下列内容：

（一）姓名；

（二）性别；

（三）身份证号码；

（四）专业技术职称；

（五）行业执业资格；

（六）执业类别；

（七）执业机构；

（八）使用期限；

（九）颁证机关和颁证时间；

（十）证书号码。

第十八条　司法鉴定人要求变更有关登记事项的，应当及时通过所在司法鉴定机构向原负责登记的司法行政机关提交变更登记申请书和相关材料，经审核符合本办法规定的，司法行政机关应当依法办理变更登记手续。

第十九条 《司法鉴定人执业证》使用期限届满后，需要继续执业的，司法鉴定人应当在使用期限届满三十日前通过所在司法鉴定机构，向原负责登记的司法行政机关提出延续申请，司法行政机关依法审核办理。延续申请的条件和需要提交的材料按照本办法第十二条、第十三条、第十四条、第十五条的规定执行。

不申请延续的司法鉴定人，《司法鉴定人执业证》使用期限届满后，由原负责登记的司法行政机关办理注销登记手续。

第二十条 司法鉴定人有下列情形之一的，原负责登记的司法行政机关应当依法办理注销登记手续：

（一）依法申请终止司法鉴定活动的；

（二）所在司法鉴定机构注销或者被撤销的；

（三）《司法鉴定人执业证》使用期限届满未申请延续的；

（四）法律、法规规定的其他情形。

第四章 权利和义务

第二十一条 司法鉴定人享有下列权利：

（一）了解、查阅与鉴定事项有关的情况和资料，询问与鉴定事项有关的当事人、证人等；

（二）要求鉴定委托人无偿提供鉴定所需要的鉴材、样本；

（三）进行鉴定所必需的检验、检查和模拟实验；

（四）拒绝接受不合法、不具备鉴定条件或者超出登记的执业类别的鉴定委托；

（五）拒绝解决、回答与鉴定无关的问题；

（六）鉴定意见不一致时，保留不同意见；

（七）接受岗前培训和继续教育；

（八）获得合法报酬；

（九）法律、法规规定的其他权利。

第二十二条　司法鉴定人应当履行下列义务：

（一）受所在司法鉴定机构指派按照规定时限独立完成鉴定工作，并出具鉴定意见；

（二）对鉴定意见负责；

（三）依法回避；

（四）妥善保管送鉴的鉴材、样本和资料；

（五）保守在执业活动中知悉的国家秘密、商业秘密和个人隐私；

（六）依法出庭作证，回答与鉴定有关的询问；

（七）自觉接受司法行政机关的管理和监督、检查；

（八）参加司法鉴定岗前培训和继续教育；

（九）法律、法规规定的其他义务。

第五章　监督管理

第二十三条　司法鉴定人应当在所在司法鉴定机构接受司法行政机关统一部署的监督、检查。

第二十四条　司法行政机关应当就下列事项，对司法鉴定人进行监督、检查：

（一）遵守法律、法规和规章的情况；

（二）遵守司法鉴定程序、技术标准和技术操作规范的情况；

（三）遵守执业规则、职业道德和职业纪律的情况；

（四）遵守所在司法鉴定机构内部管理制度的情况；

（五）法律、法规和规章规定的其他事项。

第二十五条 公民、法人和其他组织对司法鉴定人违反本办法规定的行为进行举报、投诉的，司法行政机关应当及时进行调查处理。

第二十六条 司法行政机关对司法鉴定人进行监督、检查或者根据举报、投诉进行调查时，可以依法查阅或者要求司法鉴定人报送有关材料。司法鉴定人应当如实提供有关情况和材料。

第二十七条 司法行政机关依法建立司法鉴定人诚信档案，对司法鉴定人进行诚信等级评估。评估结果向社会公开。

第六章　法律责任

第二十八条 未经登记的人员，从事已纳入本办法调整范围司法鉴定业务的，省级司法行政机关应当责令其停止司法鉴定活动，并处以违法所得一至三倍的罚款，罚款总额最高不得超过三万元。

第二十九条 司法鉴定人有下列情形之一的，由省级司法行政机关依法给予警告，并责令其改正：

（一）同时在两个以上司法鉴定机构执业的；

（二）超出登记的执业类别执业的；

（三）私自接受司法鉴定委托的；

（四）违反保密和回避规定的；

（五）拒绝接受司法行政机关监督、检查或者向其提供虚假材料的；

（六）法律、法规和规章规定的其他情形。

第三十条 司法鉴定人有下列情形之一的，由省级司法行政机关给予停止执业三个月以上一年以下的处罚；情节严重的，撤销登记；构成犯罪的，依法追究刑事责任：

（一）因严重不负责任给当事人合法权益造成重大损失的；

（二）具有本办法第二十九条规定的情形之一并造成严重后果的；

（三）提供虚假证明文件或者采取其他欺诈手段，骗取登记的；

（四）经人民法院依法通知，非法定事由拒绝出庭作证的；

（五）故意做虚假鉴定的；

（六）法律、法规规定的其他情形。

第三十一条　司法鉴定人在执业活动中，因故意或者重大过失行为给当事人造成损失的，其所在的司法鉴定机构依法承担赔偿责任后，可以向有过错行为的司法鉴定人追偿。

第三十二条　司法行政机关工作人员在管理工作中滥用职权、玩忽职守造成严重后果的，依法追究相应的法律责任。

第三十三条　司法鉴定人对司法行政机关的行政许可和行政处罚有异议的，可以依法申请行政复议。

第七章　附　则

第三十四条　本办法所称司法鉴定人不含《全国人民代表大会常务委员会关于司法鉴定管理问题的决定》第七条规定的鉴定机构中从事鉴定工作的鉴定人。

第三十五条　本办法自公布之日起施行。2000 年 8 月 14 日公布的《司法鉴定人管理办法》（司法部令第 63 号）同时废止。

司法鉴定执业活动投诉处理办法

（2019 年 4 月 4 日公布　2019 年 6 月 1 日实施　司法部令第 144 号）

第一章　总　　则

第一条　为了规范司法鉴定执业活动投诉处理工作，加强司法鉴定执业活动监督，维护投诉人的合法权益，根据《全国人民代表大会常务委员会关于司法鉴定管理问题的决定》等规定，结合司法鉴定工作实际，制定本办法。

第二条　投诉人对司法行政机关审核登记的司法鉴定机构或者司法鉴定人执业活动进行投诉，以及司法行政机关开展司法鉴定执业活动投诉处理工作，适用本办法。

第三条　本办法所称投诉人，是指认为司法鉴定机构或者司法鉴定人违法违规执业侵犯其合法权益，向司法行政机关投诉的与鉴定事项有利害关系的公民、法人和非法人组织。

本办法所称被投诉人，是指被投诉的司法鉴定机构或者司法鉴定人。

第四条　投诉人应当自知道或者应当知道被投诉人鉴定活

动侵犯其合法权益之日起三年内，向司法行政机关投诉。法律另有规定的除外。

第五条 司法行政机关开展司法鉴定执业活动投诉处理工作，应当遵循属地管理、分级负责、依法查处、处罚与教育相结合的原则。

司法行政机关应当依法保障和维护投诉人、被投诉人的合法权益。

第六条 司法行政机关应当向社会公布投诉受理范围、投诉处理机构的通讯方式等事项，并指定专人负责投诉接待和处理工作。

第七条 司法部负责指导、监督全国司法鉴定执业活动投诉处理工作。

省级司法行政机关负责指导、监督本行政区域内司法鉴定执业活动投诉处理工作。

第八条 司法行政机关指导、监督司法鉴定协会实施行业惩戒；司法鉴定协会协助和配合司法行政机关开展投诉处理工作。

第九条 司法行政机关可以引导双方当事人在自愿、平等的基础上，依法通过调解方式解决涉及司法鉴定活动的民事纠纷。

第二章　投诉受理

第十条 公民、法人和非法人组织认为司法鉴定机构或者司法鉴定人在执业活动中有下列违法违规情形的，可以向司法鉴定机构住所地或者司法鉴定人执业机构住所地的县级以上司法行政机关投诉：

（一）司法鉴定机构组织未取得《司法鉴定人执业证》的人员违规从事司法鉴定业务的；

（二）超出登记的业务范围或者执业类别从事司法鉴定活动的；

（三）司法鉴定机构无正当理由拒绝接受司法鉴定委托的；

（四）司法鉴定人私自接受司法鉴定委托的；

（五）违反司法鉴定收费管理规定的；

（六）违反司法鉴定程序规则从事司法鉴定活动的；

（七）支付回扣、介绍费以及进行虚假宣传等不正当行为的；

（八）因不负责任给当事人合法权益造成损失的；

（九）司法鉴定人经人民法院通知，无正当理由拒绝出庭作证的；

（十）司法鉴定人故意做虚假鉴定的；

（十一）其他违反司法鉴定管理规定的行为。

第十一条 省级司法行政机关接到投诉的，可以交由设区的市级或者直辖市的区（县）司法行政机关处理。

设区的市级或者直辖市的区（县）司法行政机关以及县级司法行政机关接到投诉的，应当按照本办法的规定直接处理。

第十二条 投诉人应当向司法行政机关提交书面投诉材料。投诉材料内容包括：被投诉人的姓名或者名称、投诉事项、投诉请求、相关的事实和理由以及投诉人的联系方式，并提供投诉人身份证明、司法鉴定委托书或者司法鉴定意见书等与投诉事项相关的证明材料。投诉材料应当真实、合法、充分，并经投诉人签名或者盖章。

投诉人或者其法定代理人委托他人代理投诉的，代理人应当提供投诉人或者其法定代理人的授权委托书、代理人的联系方式和投诉人、代理人的身份证明。

第十三条　负责处理的司法行政机关收到投诉材料后，应当及时进行登记。登记内容应当包括投诉人及其代理人的姓名或者名称、性别、身份证号码、职业、住址、联系方式，被投诉人的姓名或者名称、投诉事项、投诉请求、投诉理由以及相关证明材料目录，投诉的方式和时间等信息。

第十四条　司法行政机关收到投诉材料后发现投诉人提供的信息不齐全或者无相关证明材料的，应当在收到投诉材料之日起七个工作日内一次性书面告知投诉人补充。书面告知内容应当包括需要补充的信息或者证明材料和合理的补充期限。

投诉人经告知后无正当理由逾期不补充的，视为投诉人放弃投诉

第十五条　有下列情形之一的，不予受理：

（一）投诉事项已经司法行政机关处理，或者经行政复议、行政诉讼结案，且没有新的事实和证据的；

（二）对人民法院、人民检察院、公安机关以及其他行政执法机关等在执法办案过程中，是否采信鉴定意见有异议的；

（三）仅对鉴定意见有异议的；

（四）对司法鉴定程序规则及司法鉴定标准、技术操作规范的规定有异议的；

（五）投诉事项不属于违反司法鉴定管理规定的。

第十六条　司法行政机关应当及时审查投诉材料，对投诉材料齐全，属于本机关管辖范围并符合受理条件的投

诉，应当受理；对不属于本机关管辖范围或者不符合受理条件的投诉，不予受理并说明理由。对于司法行政机关已经按照前款规定作出不予受理决定的投诉事项，投诉人重复投诉且未能提供新的事实和理由的，司法行政机关不予受理。

第十七条 投诉材料齐全的，司法行政机关应当自收到投诉材料之日起七个工作日内，作出是否受理的决定，并书面告知投诉人。情况复杂的，可以适当延长作出受理决定的时间，但延长期限不得超过十五个工作日，并应当将延长的时间和理由书面告知投诉人。

投诉人补充投诉材料所需的时间和投诉案件移送、转办的流转时间，不计算在前款规定期限内。

第三章 调查处理

第十八条 司法行政机关受理投诉后，应当全面、客观、公正地进行调查。调查工作不得妨碍被投诉人正常的司法鉴定执业活动。

上级司法行政机关认为有必要的，可以委托下一级司法行政机关进行调查。

第十九条 司法行政机关进行调查，应当要求被投诉人说明情况、提交有关材料，调阅被投诉人有关业务案卷和档案材料，向有关单位、个人核实情况、收集证据；并根据情况，可以组织专家咨询、论证或者听取有关部门的意见和建议。

调查应当由两名以上工作人员进行。必要时，应当制作调查笔录，并由相关人员签字或者盖章；不能或者拒绝签字、盖章的，应当在笔录中注明有关情况。

调查人员应当对被投诉人及有关单位、个人提供的证据和有关材料进行登记、审核并妥善保管；不能保存原件的，应当经调查人员和被投诉人或者有关单位、个人确认，并签字或者盖章后保留复制件。

第二十条　司法行政机关根据投诉处理工作需要，可以委托司法鉴定协会协助开展调查工作。

接受委托的司法鉴定协会可以组织专家对投诉涉及的相关专业技术问题进行论证，并提供论证意见；组织有关专家接待投诉人并提供咨询等。

第二十一条　被投诉人应当配合调查工作，在司法行政机关要求的期限内如实陈述事实、提供有关材料，不得提供虚假、伪造的材料或者隐匿、毁损、涂改有关证据材料。

被投诉人为司法鉴定人的，其所在的司法鉴定机构应当配合调查。

第二十二条　司法行政机关在调查过程中发现有本办法第十五条规定情形的，或者投诉人书面申请撤回投诉的，可以终止投诉处理工作，并将终止决定和理由书面告知投诉人、被投诉人。

投诉人书面申请撤回投诉的，不得再以同一事实和理由投诉。但是，投诉人能够证明撤回投诉违背其真实意思表示的除外。

第二十三条　司法行政机关在调查过程中，发现被投诉人的违法违规行为仍处在连续或者继续状态的，应当责令被投诉人立即停止违法违规行为。

第二十四条　司法行政机关应当根据对投诉事项的调查结果，分别作出以下处理：

（一）被投诉人有应当给予行政处罚的违法违规行为的，

依法给予行政处罚或者移送有处罚权的司法行政机关依法给予行政处罚；

（二）被投诉人违法违规情节轻微，没有造成危害后果，依法可以不予行政处罚的，应当给予批评教育、训诫、通报、责令限期整改等处理；

（三）投诉事项查证不实或者无法查实的，对被投诉人不作处理，并向投诉人说明情况。

涉嫌违反职业道德、执业纪律和行业自律规范的，移交有关司法鉴定协会调查处理；涉嫌犯罪的，移送司法机关依法追究刑事责任。

第二十五条　司法行政机关受理投诉的，应当自作出投诉受理决定之日起六十日内作出处理决定；情况复杂，不能在规定期限内作出处理的，经本机关负责人批准，可以适当延长办理期限，但延长期限不得超过三十日，并应当将延长的时间和理由书面告知投诉人。

第二十六条　司法行政机关应当自作出处理决定之日起七个工作日内，将投诉处理结果以及不服处理结果的救济途径和期限等书面告知投诉人、被投诉人。

第二十七条　对于被投诉人存在违法违规行为并被处罚、处理的，司法行政机关应当及时将投诉处理结果通报委托办案机关和相关司法鉴定协会，并向社会公开。

司法行政机关应当将前款中的投诉处理结果记入被投诉人的司法鉴定执业诚信档案。

第二十八条　投诉人、被投诉人认为司法行政机关的投诉处理结果侵犯其合法权益的，可以依法申请行政复议或者提起行政诉讼。

第二十九条　司法行政机关应当建立司法鉴定执业活动投诉处理工作档案，并妥善保管和使用。

第三十条　司法行政机关应当对被投诉人履行处罚、处理决定，纠正违法违规行为的情况进行检查、监督，发现问题应当责令其限期整改。

第四章　监　督

第三十一条　上级司法行政机关应当加强对下级司法行政机关投诉处理工作的指导、监督和检查，发现有违法、不当情形的，应当及时责令改正。下级司法行政机关应当及时上报纠正情况。

第三十二条　司法行政机关工作人员在投诉处理工作中有滥用职权、玩忽职守或者其他违法行为，构成犯罪的，依法追究刑事责任；尚不构成犯罪的，依法给予处分。

第三十三条　司法行政机关应当按年度将司法鉴定执业活动投诉处理工作情况书面报告上一级司法行政机关。

对于涉及重大违法违规行为的投诉处理结果，应当及时报告上一级司法行政机关。

第五章　附　则

第三十四条　与司法鉴定活动没有利害关系的公民、法人和非法人组织举报司法鉴定机构或者司法鉴定人违法违规执业的，司法行政机关应当参照本办法第十八条至第二十四条有关规定进行处理。

第三十五条　对司法鉴定机构或者司法鉴定人在诉讼活动之外开展的相关鉴定业务提出投诉的，参照本办法规定执行。

第三十六条　外国人、无国籍人、外国组织提出投诉的，适用本办法。

第三十七条　本办法由司法部解释。

第三十八条　本办法自 2019 年 6 月 1 日起施行。2010 年 4 月 8 日发布的《司法鉴定执业活动投诉处理办法》（司法部令第 123 号）同时废止。

司法鉴定文书格式

(2016 年 11 月 21 日公布　司发通［2016］112 号)

目录及样本

1. 司法鉴定委托书
2. 司法鉴定意见书
3. 延长鉴定时限告知书
4. 终止鉴定告知书
5. 司法鉴定复核意见
6. 司法鉴定意见补正书
7. 司法鉴定告知书

文书1

司法鉴定委托书

编号：＿＿＿＿＿＿

委 托 人		联系人 （电话）	
联系地址		承办人	
司法鉴定 机　构	名　　称： 地　　址：　　　　邮　编： 联系人：　　　　联系电话：		
委　　托 鉴定事项			
是否属于 重新鉴定			

鉴定用途	
与鉴定有关的基本案情	
鉴定材料	
预计费用及收取方式	预计收费总金额：¥：_____， 大写：_____。
司法鉴定意见书发送方式	□自取 □邮寄　地址： □其他方式（说明）

续表

约定事项：

1. （1）关于鉴定材料：

　　□所有鉴定材料无需退还。

　　□鉴定材料须完整、无损坏地退还委托人。

　　□因鉴定需要，鉴定材料可能会损坏、耗尽，导致无法完整退还。

　　□对保管和使用鉴定材料的特殊要求：＿＿＿＿＿＿＿＿＿＿＿。

　　（2）关于剩余鉴定材料：

　　□委托人于＿＿＿＿＿周内自行取回。委托人未按时取回的，鉴定机构有权自行处理。

　　□鉴定机构自行处理。如需要发生处理费的，按有关收费标准或协商收取＿＿＿＿＿元处理费。

　　□其他方式：

2. 鉴定时限：

　　□＿＿＿＿年＿＿＿＿月＿＿＿＿日之前完成鉴定，提交司法鉴定意见书。

　　□从该委托书生效之日起＿＿＿＿＿＿个工作日内完成鉴定，提交司法鉴定意见书。

　　注：鉴定过程中补充或者重新提取鉴定材料所需的时间，不计入鉴定时限。

3. 需要回避的鉴定人：＿＿＿＿＿＿＿＿＿＿，回避事由：＿＿＿＿＿＿＿＿＿＿＿＿。

4. 经双方协商一致，鉴定过程中可变更委托书内容。

5. 其他约定事项：

鉴定风险 提 示	1. 鉴定意见属于专家的专业意见，是否被采信取决于办案机关的审查和判断，鉴定人和鉴定机构无权干涉； 2. 由于受鉴定材料或者其他因素限制，并非所有的鉴定都能得出明确的鉴定意见； 3. 鉴定活动遵循依法独立、客观、公正的原则，只对鉴定材料和案件事实负责，不会考虑是否有利于任何一方当事人。	
其他需要 说明的事项		
委托人 （承办人签名或者盖章） ×年×月×日	司法鉴定机构 （签名、盖章） ×年×月×日	

注：

1. "编号"由司法鉴定机构缩略名、年份、专业缩略语及序号组成。

2. "委托鉴定事项"用于描述需要解决的专门性问题。

3. 在"鉴定材料"一项，应当记录鉴定材料的名称、种类、数量、性状、保存状况、收到时间等，如果鉴定材料较多，可另附《鉴定材料清单》。

4. 关于"预计费用及收取方式"，应当列出费用计算方式；概算的鉴定费和其他费用，其中其他费用应尽量列明所有可能的费用，如现场提取鉴定材料时发生的差旅费等；费用收取方式、结算方式，如预收、后付或按照约定方式和时间支付费用；退还鉴定费的情形等。

5. 在"鉴定风险提示"一项，鉴定机构可增加其他的风险告知内容，有必要的，可另行签订风险告知书。

文书 2

×××司法鉴定中心（所）
司法鉴定意见书

司法鉴定机构许可证号：_____

声　明

1. 司法鉴定机构和司法鉴定人根据法律、法规和规章的规定，按照鉴定的科学规律和技术操作规范，依法独立、客观、公正进行鉴定并出具鉴定意见，不受任何个人或者组织的非法干预。

2. 司法鉴定意见书是否作为定案或者认定事实的根据，取决于办案机关的审查判断，司法鉴定机构和司法鉴定人无权干涉。

3. 使用司法鉴定意见书，应当保持其完整性和严肃性。

4. 鉴定意见属于鉴定人的专业意见。当事人对鉴定意见有异议，应当通过庭审质证或者申请重新鉴定、补充鉴定等方式解决。

地　　址：××省××市××路××号（邮政编码：000000）

联系电话：000-00000000

×××司法鉴定中心（所）
司法鉴定意见书

编号：　　（司法鉴定专用章）　　

一、基本情况
二、基本案情
三、资料摘要
四、鉴定过程
五、分析说明
六、鉴定意见
七、附件

司法鉴定人签名（打印文本和亲笔签名）
及《司法鉴定人执业证》证号（司法鉴定专用章）
×年×月×日

共　　页 第　　页

注：

1. 本司法鉴定意见书文书格式包含了司法鉴定意见书的基本内容，各省级司法行政机关或司法鉴定协会可以根据不同专业的特点制定具体的格式，司法鉴定机构也可以根据实际情况作合理增减。

2. 关于"基本情况"，应当简要说明委托人、委托事项、受理日期、鉴定材料等情况。

3. 关于"资料摘要"，应当摘录与鉴定事项有关的鉴定资料，如法医鉴定的病史摘要等。

4. 关于"鉴定过程"，应当客观、详实、有条理地描述鉴定活动发生的过程，包括人员、时间、地点、内容、方法，鉴定材料的选取、使用，采用的技术标准、技术规范或者技术方法，检查、检验、检测所使用的仪器设备、方法和主要结果等。

5. 关于"分析说明"，应当详细阐明鉴定人根据有关科学理论知识，通过对鉴定材料，检查、检验、检测结果，鉴定标准，专家意见等进行鉴别、判断、综合分析、逻辑推理，得出鉴定意见的过程。要求有良好的科学性、逻辑性。

6. 司法鉴定意见书各页之间应当加盖司法鉴定专用章红印，作为骑缝章。司法鉴定专用章制作规格为：直径4厘米，中央刊五角星，五角星上方刊司法鉴定机构名称，自左向右呈环行；五角星下方刊司法鉴定专用章字样，自左向右横排。印文中的汉字应当使用国务院公布的简化字，字体为宋体。民族自治地区司法鉴定机构的司法鉴定专用章印文应当并列刊汉字和当地通用的少数民族文字。司法鉴定机构的司法鉴定专用章应当经登记管理机关备案后启用。

7. 司法鉴定意见书应使用A4纸，文内字体为4号仿宋，两端对齐，段首空两格，行间距一般为1.5倍。

文书3

×××司法鉴定中心（所）
延长鉴定时限告知书

（编号）_____

×××（委托人）：

　　贵单位委托我中心（所）的_____鉴定一案，我中心（所）已受理（编号：_____）并开展了相关鉴定工作，现由于×××××××（原因）无法在规定的时限内完成该鉴定，根据《司法鉴定程序通则》第二十八条的规定，经我中心（所）负责人批准，需延长鉴定时限____日，至×年×月×日。

　　联系人：×××；联系电话：×××。

　　特此告知。

×××司法鉴定中心（所）（公章）

×年×月×日

文书4

×××司法鉴定中心（所）
终止鉴定告知书

（编号）＿＿＿＿＿＿＿＿

×××（委托人）：

贵单位委托我中心（所）的＿＿＿＿＿＿鉴定一案，（编号：＿＿＿＿＿＿），现因××××××××（原因）致使鉴定工作无法继续进行。

根据《司法鉴定程序通则》第二十九条第（×）款"……（引原文）"之规定，我鉴定中心（所）决定终止此次鉴定工作。

请于×年×月×日前到我鉴定中心（所）办理退费、退还鉴定材料等手续。

联系人：×××；联系电话：×××。

特此告知。

×××司法鉴定中心（所）（公章）

×年×月×日

文书5

××××司法鉴定中心（所）
司法鉴定复核意见

（编号）＿＿＿＿＿＿＿＿＿

一、基本情况：

（一）司法鉴定案件编号：

（二）司法鉴定人：

（三）司法鉴定意见：

二、复核意见：

（一）关于鉴定程序：

（二）关于鉴定意见：

复核人签名：

日期：×年×月×日

文书6

×××司法鉴定中心（所）
司法鉴定意见补正书

（编号）＿＿＿＿＿＿＿＿＿

×××（委托人）：

根据贵单位委托，我中心（所）已完成＿＿＿＿＿＿＿＿＿
鉴定并出具了司法鉴定意见书（编号：＿＿＿＿＿＿＿＿＿）。我
中心（所）现发现该司法鉴定意见书存在以下不影响鉴定意
见原意的瑕疵性问题，现予以补正：

1.（需补正的具体位置、补正理由及补正结果）

2.（需补正的具体位置、补正理由及补正结果）

3.（需补正的具体位置、补正理由及补正结果）

……

附件：（如补正后的图像、谱图、表格等）

司法鉴定人签名（打印文本和亲笔签名）

及《司法鉴定人执业证》证号

×××司法鉴定中心（所）（司法鉴定专用章）

×年×月×日

文书 7

司法鉴定告知书

一、委托人委托司法鉴定，应提供真实、完整、充分、符合鉴定要求的鉴定材料，并提供案件有关情况。因委托人或当事人提供虚假信息、隐瞒真实情况或提供不实材料产生的不良后果，司法鉴定机构和司法鉴定人概不负责。

二、司法鉴定机构和司法鉴定人按照客观、独立、公正、科学的原则进行鉴定，委托人、当事人不得要求或暗示司法鉴定机构或司法鉴定人按其意图或者特定目的提供鉴定意见。

三、由于受到鉴定材料的限制以及其他客观条件的制约，司法鉴定机构和司法鉴定人有时无法得出明确的鉴定意见。

四、因鉴定工作的需要，可能会耗尽鉴定材料或者造成不可逆的损坏。

五、如果存在涉及鉴定活动的民族习俗等有关禁忌，请在鉴定工作开始前告知司法鉴定人。

六、因鉴定工作的需要，有下列情形的，需要委托人或者当事人近亲属、监护人到场见证并签名。现场见证时，不得影响鉴定工作的独立性，不得干扰鉴定工作正常开展。未经司法鉴定机构和司法鉴定人同意，不得拍照、摄像或者录音。

1. 需要对无民事行为能力人或者限制民事行为能力人进行身体检查

2. 需要对被鉴定人进行法医精神病鉴定

3. 需要到现场提取鉴定材料

4. 需要进行尸体解剖

七、因鉴定工作的需要，委托人或者当事人获悉国家秘密、商业秘密或者个人隐私的，应当保密。

八、鉴定意见属于专业意见，是否成为定案根据，由办案机关经审查判断后作出决定，司法鉴定机构和司法鉴定人无权干涉。

九、当事人对鉴定意见有异议，应当通过庭审质证或者申请重新鉴定、补充鉴定等方式解决。

十、有下列情形的，司法鉴定机构可以终止鉴定工作：

（一）发现鉴定材料不真实、不完整、不充分或者取得方式不合法的；

（二）鉴定用途不合法或者违背社会公德的；

（三）鉴定要求不符合司法鉴定执业规则或者相关鉴定技术规范的；

（四）鉴定要求超出本机构技术条件或者鉴定能力的；

（五）委托人就同一鉴定事项同时委托其他司法鉴定机构进行鉴定的；

（六）鉴定材料发生耗损，委托人不能补充提供的；

（七）委托人拒不履行司法鉴定委托书规定的义务、被鉴定人拒不配合或者鉴定活动受到严重干扰，致使鉴定无法继续进行的；

（八）委托人主动撤销鉴定委托，或者委托人、诉讼当事人拒绝支付鉴定费用的；

（九）因不可抗力致使鉴定无法继续进行的；

（十）其他不符合法律、法规、规章规定，需要终止鉴定的情形。

被告知人签名：

日期：×年×月×日

司法鉴定机构 鉴定人记录和报告干预司法鉴定活动的有关规定

（2020 年 6 月 8 日发布　司办通〔2020〕56 号）

第一条　为深入贯彻落实中办、国办《关于健全统一司法鉴定管理体制的实施意见》，依法保障鉴定人独立开展鉴定工作，让人民群众在每一起鉴定案件中都能感受到公平正义，根据《全国人民代表大会常务委员会关于司法鉴定管理问题的决定》等有关规定，结合司法鉴定工作实际，制定本规定。

第二条　鉴定人独立进行鉴定活动，不受任何组织和个人干预。

第三条　有下列情形之一的，属于干预司法鉴定活动：

（一）为当事人请托说情的；

（二）邀请鉴定人或者鉴定机构其他人员私下会见司法鉴定委托人、当事人及其代理人、辩护律师、近亲属以及其他与案件有利害关系的人的；

（三）明示、暗示或强迫鉴定人或者鉴定机构其他人员违规受理案件、出具特定鉴定意见、终止鉴定的；

（四）其他影响鉴定人独立进行鉴定的情形。

第四条　干预司法鉴定活动实行零报告制度。对于有本规定第三条规定情形的，鉴定人或者鉴定机构其他人员应当及时固定相关证据，填写《干预司法鉴定活动记录表》（见附件）并签名、存入司法鉴定业务档案，做到全程留痕，有据可查。

没有本规定第三条规定情形的，应当在《干预司法鉴定活动记录表》中勾选"无此类情况"并签名、存入司法鉴定业务档案。

第五条 鉴定人或者鉴定机构其他人员应当及时将干预司法鉴定活动情况报所在司法鉴定机构。

对于鉴定机构负责人有本规定第三条规定情形的，鉴定人或者鉴定机构其他人员可以直接向主管该鉴定机构的司法行政机关报告。

对于鉴定机构其他人员有本规定第三条规定情形，造成严重后果的，鉴定人或者鉴定机构可以直接向主管该鉴定机构的司法行政机关报告。

第六条 司法鉴定机构收到报告后，对于鉴定机构内部人员干预司法鉴定活动的，依据本机构章程等规定予以处理；对于鉴定机构外部人员干预司法鉴定活动的，及时向主管该鉴定机构的司法行政机关报告。

第七条 司法鉴定机构及其工作人员应当严格遵守本规定，做好干预司法鉴定活动记录和报告等工作。

司法鉴定机构应当充分发挥党组织职能作用，加强党员教育管理。对于党员干预司法鉴定活动的，除根据本规定第六条给予处理外，还应当依规依纪进行处理。

第八条 司法行政机关收到报告后，应当按照下列不同情形，分别作出处理：

（一）符合第五条第二款、第三款规定情形的鉴定机构内部人员干预司法鉴定活动的，由主管该机构的司法行政机关调查处理；

（二）司法行政机关工作人员干预司法鉴定活动的，由其所在的司法行政机关依法处理；

（三）司法机关、行政执法机关等委托人及其工作人员干预司法鉴定活动的，应当向其上级机关或者主管单位进行通报；

（四）其他机关或组织的工作人员干预司法鉴定活动的，向其主管单位或者上级机关通报；

（五）其他个人干预司法鉴定活动的，将有关情况告知司法机关、行政执法机关等委托人。

其中，存在第（一）（二）（四）项情况的，应当一并告知司法机关、行政执法机关等委托人。

第九条 鉴定人或者鉴定机构其他人员如实记录和报告干预司法鉴定活动情况，受法律和组织保护。对记录和报告人员打击报复的，依法依规严肃处理；构成犯罪的，依法追究刑事责任。

第十条 司法行政机关、司法鉴定机构及其工作人员不得泄露其知悉的记录和报告干预司法鉴定活动有关情况。

第十一条 有下列情形之一的，由司法行政机关责令改正，并记入其诚信档案；两次以上不记录或者不如实记录、报告的，予以训诫、通报批评：

（一）鉴定人未如实记录、报告干预司法鉴定活动情况的；

（二）鉴定机构负责人授意不记录、报告或者不如实记录、报告干预司法鉴定活动情况的；

（三）其他违反本规定的情形。

第十二条 本规定自 2020 年 7 月 1 日起施行。

附件

干预司法鉴定活动记录表

案件编号	
鉴定事项	
情况记录	□无此类情况 干预人：□委托人　□案件当事人或其代理人 □鉴定机构内部人员　□司法行政机关工作人员 □其他＿＿＿＿＿＿＿＿＿＿＿＿＿＿＿＿＿ 干预内容：□请托说情　　□干预鉴定程序 □干预鉴定意见　　□其他＿＿＿＿＿＿＿＿ 具体情况： 鉴定人或其他人员签名： 　　　　　　　　　　　　　年　月　日 □无此类情况 干预人：□案件当事人或其代理人　□鉴定机构内部 人员　□司法行政机关工作人员　□其他＿＿＿＿＿ 干预内容：□请托说情　　□干预鉴定程序 □干预鉴定意见　　□其他＿＿＿＿＿＿＿＿ 具体情况： 鉴定人或其他人员签名： 　　　　　　　　　　　　　年　月　日
备　　注	

注：多于 2 名鉴定人或其他人员的案件，请自行增加附表。

司法部关于进一步规范和完善司法鉴定人出庭作证活动的指导意见

（司规〔2020〕2号）

各省、自治区、直辖市司法厅（局），新疆生产建设兵团司法局：

为了规范和指导司法行政机关登记管理的司法鉴定人出庭作证活动，保障诉讼活动的顺利进行，根据《全国人民代表大会常务委员会关于司法鉴定管理问题的决定》和有关法律、法规的规定，制定本指导意见。

一、本指导意见所称的司法鉴定人出庭作证是指经司法行政机关审核登记，取得司法鉴定人执业证的司法鉴定人经人民法院依法通知，在法庭上对自己作出的鉴定意见，从鉴定依据、鉴定步骤、鉴定方法、可靠程度等方面进行解释和说明，并在法庭上当面回答质询和提问的行为。

二、人民法院出庭通知已指定出庭作证鉴定人的，要由被指定的鉴定人出庭作证；未指定出庭作证的鉴定人时，由鉴定机构指定一名或多名在司法鉴定意见书上签名的鉴定人出庭作证。

司法鉴定机构要为鉴定人出庭提供必要条件。

三、人民法院通知鉴定人到庭作证后，有下列情形之一的，鉴定人可以向人民法院提出不到庭书面申请：

（一）未按照法定时限通知到庭的；

（二）因健康原因不能到庭的；

（三）路途特别遥远，交通不便难以到庭的；

（四）因自然灾害等不可抗力不能到庭的；

（五）有其他正当理由不能到庭的。

经人民法院同意，未到庭的鉴定人可以提交书面答复或者说明，或者使用视频传输等技术作证。

四、鉴定人出庭前，要做好如下准备工作：

（一）了解、查阅与鉴定事项有关的情况和资料；

（二）了解出庭的相关信息和质证的争议焦点；

（三）准备需要携带的有助于说明鉴定的辅助器材和设备；

（四）其他需要准备的工作。

五、鉴定人出庭要做到：

（一）遵守法律、法规，恪守职业道德，实事求是，尊重科学，尊重事实；

（二）按时出庭，举止文明，遵守法庭纪律；

（三）配合法庭质证，如实回答与鉴定有关的问题；

（四）妥善保管出庭所需的鉴定材料、样本和鉴定档案资料；

（五）所回答问题涉及执业活动中知悉的国家秘密、商业秘密和个人隐私的，应当向人民法院阐明；经人民法院许可的，应当如实回答；

（六）依法应当做到的其他事项。

六、鉴定人到庭作证时，要按照人民法院的要求，携带本人身份证件、司法鉴定人执业证和人民法院出庭通知等材料，并在法庭指定的鉴定人席就座。

七、在出庭过程中，鉴定人遇有下列情形的，可以及时向人民法院提出请求：

（一）认为本人或者其近亲属的人身安全面临危险，需要请求保护的；

（二）受到诉讼参与人或者其他人以言语或者行为进行侮辱、诽谤，需要予以制止的。

八、鉴定人出庭作证时，要如实回答涉及下列内容的问题：

（一）与本人及其所执业鉴定机构执业资格和执业范围有关的问题；

（二）与鉴定活动及其鉴定意见有关的问题；

（三）其他依法应当回答的问题。

九、法庭质证中，鉴定人无法当庭回答质询或者提问的，经法庭同意，可以在庭后提交书面意见。

十、鉴定人退庭后，要对法庭笔录中鉴定意见的质证内容进行确认。

经确认无误的，应当签名；发现记录有差错的，可以要求补充或者改正。

十一、出庭结束后，鉴定机构要将鉴定人出庭作证相关材料归档。

十二、司法行政机关要监督、指导鉴定人依法履行出庭作证义务，定期或者不定期了解掌握鉴定人履行出庭作证义务情况。

十三、司法行政机关要健全完善与人民法院的衔接机制，加强鉴定人出庭作证信息共享，及时研究解决鉴定人出庭作证中的相关问题，保障鉴定人依法履行出庭作证义务。

十四、司法行政机关接到人民法院有关鉴定人无正当理由拒不出庭的通报、司法建议，或公民、法人和其他组织有关投诉、举报的，要依法进行调查处理。

在调查中发现鉴定人存在经人民法院依法通知，拒绝出庭作证情形的，要依法给予其停止从事司法鉴定业务三个月以上一年以下的处罚；情节严重的，撤销登记。

十五、司法鉴定行业协会要根据本指导意见，制定鉴定人出庭作证的行业规范，加强鉴定人出庭作证行业自律管理。

十六、本指导意见自公布之日起实施。

中华人民共和国刑法

〔1979 年 7 月 1 日第五届全国人民代表大会第二次会议通过　1997 年 3 月 14 日第八届全国人民代表大会第五次会议修订　根据 1998 年 12 月 29 日《全国人民代表大会常务委员会关于惩治骗购外汇、逃汇和非法买卖外汇犯罪的决定》、1999 年 12 月 25 日《中华人民共和国刑法修正案》、2001 年 8 月 31 日《中华人民共和国刑法修正案（二）》、2001 年 12 月 29 日《中华人民共和国刑法修正案（三）》、2002 年 12 月 28 日《中华人民共和国刑法修正案（四）》、2005 年 2 月 28 日《中华人民共和国刑法修正案（五）》、2006 年 6 月 29 日《中华人民共和国刑法修正案（六）》、2009 年 2 月 28 日《中华人民共和国刑法修正案（七）》、2009 年 8 月 27 日《全国人民代表大会常务委员会关于修改部分法律的决定》、2011 年 2 月 25 日《中华人民共和国刑法修正案（八）》、2015 年 8 月 29 日《中华人民共和国刑法修正案（九）》、2017 年 11 月 4 日《中华人民共和国刑法修正案（十）》修正〕

第十八条 【特殊人员的刑事责任能力】精神病人在不能辨认或者不能控制自己行为的时候造成危害结果，经法定程序鉴定确认的，不负刑事责任，但是应当责令他的家属或者监护人严加看管和医疗；在必要的时候，由政府强制医疗。

间歇性的精神病人在精神正常的时候犯罪，应当负刑事责任。

尚未完全丧失辨认或者控制自己行为能力的精神病人犯罪的，应当负刑事责任，但是可以从轻或者减轻处罚。

醉酒的人犯罪，应当负刑事责任。

第一百九十八条 【保险诈骗罪】有下列情形之一，进行保险诈骗活动，数额较大的，处五年以下有期徒刑或者拘役，并处一万元以上十万元以下罚金；数额巨大或者有其他严重情节的，处五年以上十年以下有期徒刑，并处二万元以上二十万元以下罚金；数额特别巨大或者有其他特别严重情节的，处十年以上有期徒刑，并处二万元以上二十万元以下罚金或者没收财产：

（一）投保人故意虚构保险标的，骗取保险金的；

（二）投保人、被保险人或者受益人对发生的保险事故编造虚假的原因或者夸大损失的程度，骗取保险金的；

（三）投保人、被保险人或者受益人编造未曾发生的保险事故，骗取保险金的；

（四）投保人、被保险人故意造成财产损失的保险事故，骗取保险金的；

（五）投保人、受益人故意造成被保险人死亡、伤残或者疾病，骗取保险金的。

有前款第四项、第五项所列行为，同时构成其他犯罪的，依照数罪并罚的规定处罚。

单位犯第一款罪的，对单位判处罚金，并对其直接负责的主管人员和其他直接责任人员，处五年以下有期徒刑或者拘役；数额巨大或者有其他严重情节的，处五年以上十年以下有期徒刑；数额特别巨大或者有其他特别严重情节的，处十年以上有期徒刑。

保险事故的鉴定人、证明人、财产评估人故意提供虚假的证明文件，为他人诈骗提供条件的，以保险诈骗的共犯论处。

第二百二十九条 【提供虚假证明文件罪】承担资产评估、验资、验证、会计、审计、法律服务等职责的中介组织的人员故意提供虚假证明文件，情节严重的，处五年以下有期徒刑或者拘役，并处罚金。

【提供虚假证明文件罪】前款规定的人员，索取他人财物或者非法收受他人财物，犯前款罪的，处五年以上十年以下有期徒刑，并处罚金。

【出具证明文件重大失实罪】第一款规定的人员，严重不负责任，出具的证明文件有重大失实，造成严重后果的，处三年以下有期徒刑或者拘役，并处或者单处罚金。

第三百零五条 【伪证罪】在刑事诉讼中，证人、鉴定人、记录人、翻译人对与案件有重要关系的情节，故意作虚假证明、鉴定、记录、翻译，意图陷害他人或者隐匿罪证的，处三年以下有期徒刑或者拘役；情节严重的，处三年以上七年以下有期徒刑。

中华人民共和国刑事诉讼法

（1979 年 7 月 1 日第五届全国人民代表大会第二次会议通过 根据 1996 年 3 月 17 日第八届全国人民代表大会第四次会议《关于修改〈中华人民共和国刑事诉讼法〉的决定》第一次修正 根据 2012 年 3 月 14 日第十一届全国人民代表大会第五次会议《关于修改〈中华人民共和国刑事诉讼法〉的决定》第二次修正 根据 2018 年 10 月 26 日第十三届全国人民代表大会常务委员会第六次会议《关于修改〈中华人民共和国刑事诉讼法〉的决定》第三次修正）

第二十九条 审判人员、检察人员、侦查人员有下列情形之一的，应当自行回避，当事人及其法定代理人也有权要求他们回避：

（一）是本案的当事人或者是当事人的近亲属的；

（二）本人或者他的近亲属和本案有利害关系的；

（三）担任过本案的证人、鉴定人、辩护人、诉讼代理人的；

（四）与本案当事人有其他关系，可能影响公正处理案件的。

第三十条 审判人员、检察人员、侦查人员不得接受当事人及其委托的人的请客送礼，不得违反规定会见当事人及其委托的人。

审判人员、检察人员、侦查人员违反前款规定的，应当依法追究法律责任。当事人及其法定代理人有权要求他们回避。

第三十二条 本章关于回避的规定适用于书记员、翻译人员和鉴定人。

辩护人、诉讼代理人可以依照本章的规定要求回避，申请复议。

第五十条 可以用于证明案件事实的材料，都是证据。

证据包括：

（一）物证；

（二）书证；

（三）证人证言；

（四）被害人陈述；

（五）犯罪嫌疑人、被告人供述和辩解；

（六）鉴定意见；

（七）勘验、检查、辨认、侦查实验等笔录；

（八）视听资料、电子数据。

证据必须经过查证属实，才能作为定案的根据。

第六十四条 对于危害国家安全犯罪、恐怖活动犯罪、黑社会性质的组织犯罪、毒品犯罪等案件，证人、鉴定人、被害人因在诉讼中作证，本人或者其近亲属的人身安全面临危险的，人民法院、人民检察院和公安机关应当采取以下一项或者多项保护措施：

（一）不公开真实姓名、住址和工作单位等个人信息；

（二）采取不暴露外貌、真实声音等出庭作证措施；

（三）禁止特定的人员接触证人、鉴定人、被害人及其近亲属；

（四）对人身和住宅采取专门性保护措施；

（五）其他必要的保护措施。

证人、鉴定人、被害人认为因在诉讼中作证，本人或者其近亲属的人身安全面临危险的，可以向人民法院、人民检察院、公安机关请求予以保护。

人民法院、人民检察院、公安机关依法采取保护措施，有关单位和个人应当配合。

第一百零八条　本法下列用语的含意是：

（一）"侦查"是指公安机关、人民检察院对于刑事案件，依照法律进行的收集证据、查明案情的工作和有关的强制性措施；

（二）"当事人"是指被害人、自诉人、犯罪嫌疑人、被告人、附带民事诉讼的原告人和被告人；

（三）"法定代理人"是指被代理人的父母、养父母、监护人和负有保护责任的机关、团体的代表；

（四）"诉讼参与人"是指当事人、法定代理人、诉讼代理人、辩护人、证人、鉴定人和翻译人员；

（五）"诉讼代理人"是指公诉案件的被害人及其法定代理人或者近亲属、自诉案件的自诉人及其法定代理人委托代为参加诉讼的人和附带民事诉讼的当事人及其法定代理人委托代为参加诉讼的人；

（六）"近亲属"是指夫、妻、父、母、子、女、同胞兄弟姊妹。

第一百四十六条　为了查明案情，需要解决案件中某些专门性问题的时候，应当指派、聘请有专门知识的人进行鉴定。

第一百四十七条　鉴定人进行鉴定后，应当写出鉴定意见，并且签名。

鉴定人故意作虚假鉴定的，应当承担法律责任。

第一百四十八条　侦查机关应当将用作证据的鉴定意见告知犯罪嫌疑人、被害人。如果犯罪嫌疑人、被害人提出申请，可以补充鉴定或者重新鉴定。

第一百四十九条　对犯罪嫌疑人作精神病鉴定的期间不计入办案期限。

第一百八十七条　人民法院决定开庭审判后，应当确定合议庭的组成人员，将人民检察院的起诉书副本至迟在开庭十日以前送达被告人及其辩护人。

在开庭以前，审判人员可以召集公诉人、当事人和辩护人、诉讼代理人，对回避、出庭证人名单、非法证据排除等与审判相关的问题，了解情况，听取意见。

人民法院确定开庭日期后，应当将开庭的时间、地点通知人民检察院，传唤当事人，通知辩护人、诉讼代理人、证人、鉴定人和翻译人员，传票和通知书至迟在开庭三日以前送达。公开审判的案件，应当在开庭三日以前先期公布案由、被告人姓名、开庭时间和地点。

上述活动情形应当写入笔录，由审判人员和书记员签名。

第一百九十条　开庭的时候，审判长查明当事人是否到庭，宣布案由；宣布合议庭的组成人员、书记员、公诉人、辩护人、诉讼代理人、鉴定人和翻译人员的名单；告知当事人有权对合议庭组成人员、书记员、公诉人、鉴定人和翻译人员申请回避；告知被告人享有辩护权利。

被告人认罪认罚的，审判长应当告知被告人享有的诉讼权利和认罪认罚的法律规定，审查认罪认罚的自愿性和认罪认罚具结书内容的真实性、合法性。

第一百九十二条 公诉人、当事人或者辩护人、诉讼代理人对证人证言有异议，且该证人证言对案件定罪量刑有重大影响，人民法院认为证人有必要出庭作证的，证人应当出庭作证。

人民警察就其执行职务时目击的犯罪情况作为证人出庭作证，适用前款规定。

公诉人、当事人或者辩护人、诉讼代理人对鉴定意见有异议，人民法院认为鉴定人有必要出庭的，鉴定人应当出庭作证。经人民法院通知，鉴定人拒不出庭作证的，鉴定意见不得作为定案的根据。

第一百九十四条 证人作证，审判人员应当告知他要如实地提供证言和有意作伪证或者隐匿罪证要负的法律责任。公诉人、当事人和辩护人、诉讼代理人经审判长许可，可以对证人、鉴定人发问。审判长认为发问的内容与案件无关的时候，应当制止。

审判人员可以询问证人、鉴定人。

第一百九十五条 公诉人、辩护人应当向法庭出示物证，让当事人辨认，对未到庭的证人的证言笔录、鉴定人的鉴定意见、勘验笔录和其他作为证据的文书，应当当庭宣读。审判人员应当听取公诉人、当事人和辩护人、诉讼代理人的意见。

第一百九十六条 法庭审理过程中，合议庭对证据有疑问的，可以宣布休庭，对证据进行调查核实。

人民法院调查核实证据，可以进行勘验、检查、查封、扣押、鉴定和查询、冻结。

第一百九十七条 法庭审理过程中，当事人和辩护人、诉讼代理人有权申请通知新的证人到庭，调取新的物证，申请重新鉴定或者勘验。

公诉人、当事人和辩护人、诉讼代理人可以申请法庭通知有专门知识的人出庭，就鉴定人作出的鉴定意见提出意见。

法庭对于上述申请，应当作出是否同意的决定。

第二款规定的有专门知识的人出庭，适用鉴定人的有关规定。

第二百零四条 在法庭审判过程中，遇有下列情形之一，影响审判进行的，可以延期审理：

（一）需要通知新的证人到庭，调取新的物证，重新鉴定或者勘验的；

（二）检察人员发现提起公诉的案件需要补充侦查，提出建议的；

（三）由于申请回避而不能进行审判的。

第二百一十九条 适用简易程序审理案件，不受本章第一节关于送达期限、讯问被告人、询问证人、鉴定人、出示证据、法庭辩论程序规定的限制。但在判决宣告前应当听取被告人的最后陈述意见。

第三百零二条 实施暴力行为，危害公共安全或者严重危害公民人身安全，经法定程序鉴定依法不负刑事责任的精神病人，有继续危害社会可能的，可以予以强制医疗。

第三百零三条 根据本章规定对精神病人强制医疗的，由人民法院决定。

公安机关发现精神病人符合强制医疗条件的，应当写出强制医疗意见书，移送人民检察院。对于公安机关移送的或者在审查起诉过程中发现的精神病人符合强制医疗条件的，人民检察院应当向人民法院提出强制医疗的申请。人民法院在审理案件过程中发现被告人符合强制医疗条件的，可以作出强制医疗的决定。

对实施暴力行为的精神病人，在人民法院决定强制医疗前，公安机关可以采取临时的保护性约束措施。

第三百零四条 人民法院受理强制医疗的申请后，应当组成合议庭进行审理。

人民法院审理强制医疗案件，应当通知被申请人或者被告人的法定代理人到场。被申请人或者被告人没有委托诉讼代理人的，人民法院应当通知法律援助机构指派律师为其提供法律帮助。

第三百零五条 人民法院经审理，对于被申请人或者被告人符合强制医疗条件的，应当在一个月以内作出强制医疗的决定。

被决定强制医疗的人、被害人及其法定代理人、近亲属对强制医疗决定不服的，可以向上一级人民法院申请复议。

第三百零六条 强制医疗机构应当定期对被强制医疗的人进行诊断评估。对于已不具有人身危险性，不需要继续强制医疗的，应当及时提出解除意见，报决定强制医疗的人民法院批准。

被强制医疗的人及其近亲属有权申请解除强制医疗。

第三百零七条 人民检察院对强制医疗的决定和执行实行监督。

最高人民法院关于适用《中华人民共和国刑事诉讼法》的解释

（2012 年 12 月 20 日发布 2013 年 1 月 1 日实施 法释〔2012〕21 号）

2012 年 3 月 14 日，第十一届全国人民代表大会第五次会议通过了《关于修改〈中华人民共和国刑事诉讼法〉的决定》。为正确理解和适用修改后的刑事诉讼法，结合人民法院审判工作实际，制定本解释。

第二十三条 审判人员具有下列情形之一的，应当自行回避，当事人及其法定代理人有权申请其回避：

（一）是本案的当事人或者是当事人的近亲属的；

（二）本人或者其近亲属与本案有利害关系的；

（三）担任过本案的证人、鉴定人、辩护人、诉讼代理人、翻译人员的；

（四）与本案的辩护人、诉讼代理人有近亲属关系的；

（五）与本案当事人有其他利害关系，可能影响公正审判的。

第三十三条 书记员、翻译人员和鉴定人适用审判人员回避的有关规定，其回避问题由院长决定。

第三十四条 辩护人、诉讼代理人可以依照本章的有关规定要求回避、申请复议。

第六十九条 对物证、书证应当着重审查以下内容：

（一）物证、书证是否为原物、原件，是否经过辨认、鉴定；物证的照片、录像、复制品或者书证的副本、复制件是否与原物、原件相符，是否由二人以上制作，有无制作人关于制作过程以及原物、原件存放于何处的文字说明和签名；

（二）物证、书证的收集程序、方式是否符合法律、有关规定；经勘验、检查、搜查提取、扣押的物证、书证，是否附有相关笔录、清单，笔录、清单是否经侦查人员、物品持有人、见证人签名，没有物品持有人签名的，是否注明原因；物品的名称、特征、数量、质量等是否注明清楚；

（三）物证、书证在收集、保管、鉴定过程中是否受损或者改变；

（四）物证、书证与案件事实有无关联；对现场遗留与犯罪有关的具备鉴定条件的血迹、体液、毛发、指纹等生物样本、痕迹、物品，是否已作 DNA 鉴定、指纹鉴定等，并与被告人或者被害人的相应生物检材、生物特征、物品等比对；

（五）与案件事实有关联的物证、书证是否全面收集。

第七十条 据以定案的物证应当是原物。原物不便搬运、不易保存，依法应当由有关部门保管、处理，或者依法应当返还的，可以拍摄、制作足以反映原物外形和特征的照片、录像、复制品。

物证的照片、录像、复制品，不能反映原物的外形和特征的，不得作为定案的根据。

物证的照片、录像、复制品，经与原物核对无误、经鉴定为真实或者以其他方式确认为真实的，可以作为定案的根据。

第七十一条　据以定案的书证应当是原件。取得原件确有困难的，可以使用副本、复制件。

书证有更改或者更改迹象不能作出合理解释，或者书证的副本、复制件不能反映原件及其内容的，不得作为定案的根据。

书证的副本、复制件，经与原件核对无误、经鉴定为真实或者以其他方式确认为真实的，可以作为定案的根据。

第七十二条　对与案件事实可能有关联的血迹、体液、毛发、人体组织、指纹、足迹、字迹等生物样本、痕迹和物品，应当提取而没有提取，应当检验而没有检验，导致案件事实存疑的，人民法院应当向人民检察院说明情况，由人民检察院依法补充收集、调取证据或者作出合理说明。

第七十三条　在勘验、检查、搜查过程中提取、扣押的物证、书证，未附笔录或者清单，不能证明物证、书证来源的，不得作为定案的根据。

物证、书证的收集程序、方式有下列瑕疵，经补正或者作出合理解释的，可以采用：

（一）勘验、检查、搜查、提取笔录或者扣押清单上没有侦查人员、物品持有人、见证人签名，或者对物品的名称、特征、数量、质量等注明不详的；

（二）物证的照片、录像、复制品，书证的副本、复制件未注明与原件核对无异，无复制时间，或者无被收集、调取人签名、盖章的；

（三）物证的照片、录像、复制品，书证的副本、复制件没有制作人关于制作过程和原物、原件存放地点的说明，或者说明中无签名的；

（四）有其他瑕疵的。

对物证、书证的来源、收集程序有疑问，不能作出合理解释的，该物证、书证不得作为定案的根据。

第八十四条 对鉴定意见应当着重审查以下内容：

（一）鉴定机构和鉴定人是否具有法定资质；

（二）鉴定人是否存在应当回避的情形；

（三）检材的来源、取得、保管、送检是否符合法律、有关规定，与相关提取笔录、扣押物品清单等记载的内容是否相符，检材是否充足、可靠；

（四）鉴定意见的形式要件是否完备，是否注明提起鉴定的事由、鉴定委托人、鉴定机构、鉴定要求、鉴定过程、鉴定方法、鉴定日期等相关内容，是否由鉴定机构加盖司法鉴定专用章并由鉴定人签名、盖章；

（五）鉴定程序是否符合法律、有关规定；

（六）鉴定的过程和方法是否符合相关专业的规范要求；

（七）鉴定意见是否明确；

（八）鉴定意见与案件待证事实有无关联；

（九）鉴定意见与勘验、检查笔录及相关照片等其他证据是否矛盾；

（十）鉴定意见是否依法及时告知相关人员，当事人对鉴定意见有无异议。

第八十五条 鉴定意见具有下列情形之一的，不得作为定案的根据：

（一）鉴定机构不具备法定资质，或者鉴定事项超出该鉴定机构业务范围、技术条件的；

（二）鉴定人不具备法定资质，不具有相关专业技术或者职称，或者违反回避规定的；

（三）送检材料、样本来源不明，或者因污染不具备鉴定条件的；

（四）鉴定对象与送检材料、样本不一致的；

（五）鉴定程序违反规定的；

（六）鉴定过程和方法不符合相关专业的规范要求的；

（七）鉴定文书缺少签名、盖章的；

（八）鉴定意见与案件待证事实没有关联的；

（九）违反有关规定的其他情形。

第八十六条 经人民法院通知，鉴定人拒不出庭作证的，鉴定意见不得作为定案的根据。

鉴定人由于不能抗拒的原因或者有其他正当理由无法出庭的，人民法院可以根据情况决定延期审理或者重新鉴定。

对没有正当理由拒不出庭作证的鉴定人，人民法院应当通报司法行政机关或者有关部门。

第八十七条 对案件中的专门性问题需要鉴定，但没有法定司法鉴定机构，或者法律、司法解释规定可以进行检验的，可以指派、聘请有专门知识的人进行检验，检验报告可以作为定罪量刑的参考。

对检验报告的审查与认定，参照适用本节的有关规定。

经人民法院通知，检验人拒不出庭作证的，检验报告不得作为定罪量刑的参考。

第九十二条 对视听资料应当着重审查以下内容：

（一）是否附有提取过程的说明，来源是否合法；

（二）是否为原件，有无复制及复制份数；是复制件的，是否附有无法调取原件的原因、复制件制作过程和原件存放地点的说明，制作人、原视听资料持有人是否签名或者盖章；

（三）制作过程中是否存在威胁、引诱当事人等违反法律、有关规定的情形；

（四）是否写明制作人、持有人的身份，制作的时间、地点、条件和方法；

（五）内容和制作过程是否真实，有无剪辑、增加、删改等情形；

（六）内容与案件事实有无关联。

对视听资料有疑问的，应当进行鉴定。

第九十三条 对电子邮件、电子数据交换、网上聊天记录、博客、微博客、手机短信、电子签名、域名等电子数据，应当着重审查以下内容：

（一）是否随原始存储介质移送；在原始存储介质无法封存、不便移动或者依法应当由有关部门保管、处理、返还时，提取、复制电子数据是否由二人以上进行，是否足以保证电子数据的完整性，有无提取、复制过程及原始存储介质存放地点的文字说明和签名；

（二）收集程序、方式是否符合法律及有关技术规范；经勘验、检查、搜查等侦查活动收集的电子数据，是否附有笔录、清单，并经侦查人员、电子数据持有人、见证人签名；没有持有人签名的，是否注明原因；远程调取境外或者异地的电子数据的，是否注明相关情况；对电子数据的规格、类别、文件格式等注明是否清楚；

（三）电子数据内容是否真实，有无删除、修改、增加等情形；

（四）电子数据与案件事实有无关联；

（五）与案件事实有关联的电子数据是否全面收集。

对电子数据有疑问的，应当进行鉴定或者检验。

第九十四条 视听资料、电子数据具有下列情形之一的，不得作为定案的根据：

（一）经审查无法确定真伪的；

（二）制作、取得的时间、地点、方式等有疑问，不能提供必要证明或者作出合理解释的。

第一百七十四条 审判期间，对被告人作精神病鉴定的时间不计入审理期限。

第一百八十条 对提起公诉的案件，人民法院应当在收到起诉书（一式八份，每增加一名被告人，增加起诉书五份）和案卷、证据后，指定审判人员审查以下内容：

......

（五）是否列明被害人的姓名、住址、联系方式；是否附有证人、鉴定人名单；是否申请法庭通知证人、鉴定人、有专门知识的人出庭，并列明有关人员的姓名、性别、年龄、职业、住址、联系方式；是否附有需要保护的证人、鉴定人、被害人名单；

第一百八十二条 开庭审理前，人民法院应当进行下列工作：

（一）确定审判长及合议庭组成人员；

（二）开庭十日前将起诉书副本送达被告人、辩护人；

（三）通知当事人、法定代理人、辩护人、诉讼代理人在开庭五日前提供证人、鉴定人名单，以及拟当庭出示的证据；申请证人、鉴定人、有专门知识的人出庭的，应当列明有关人员的姓名、性别、年龄、职业、住址、联系方式；

（四）开庭三日前将开庭的时间、地点通知人民检察院；

（五）开庭三日前将传唤当事人的传票和通知辩护人、诉讼代理人、法定代理人、证人、鉴定人等出庭的通知书送达；通知有关人员出庭，也可以采取电话、短信、传真、电子邮件等能够确认对方收悉的方式；

（六）公开审理的案件，在开庭三日前公布案由、被告人姓名、开庭时间和地点。

上述工作情况应当记录在案。

第一百八十四条 召开庭前会议，审判人员可以就下列问题向控辩双方了解情况，听取意见：

（一）是否对案件管辖有异议；

（二）是否申请有关人员回避；

（三）是否申请调取在侦查、审查起诉期间公安机关、人民检察院收集但未随案移送的证明被告人无罪或者罪轻的证据材料；

（四）是否提供新的证据；

（五）是否对出庭证人、鉴定人、有专门知识的人的名单有异议；

（六）是否申请排除非法证据；

（七）是否申请不公开审理；

（八）与审判相关的其他问题。

审判人员可以询问控辩双方对证据材料有无异议，对有异议的证据，应当在庭审时重点调查；无异议的，庭审时举证、质证可以简化。

被害人或者其法定代理人、近亲属提起附带民事诉讼的，可以调解。

庭前会议情况应当制作笔录。

第一百八十五条 开庭审理前，合议庭可以拟出法庭审理提纲，提纲一般包括下列内容：

（一）合议庭成员在庭审中的分工；

（二）起诉书指控的犯罪事实的重点和认定案件性质的要点；

（三）讯问被告人时需了解的案情要点；

（四）出庭的证人、鉴定人、有专门知识的人、侦查人员的名单；

（五）控辩双方申请当庭出示的证据的目录；

（六）庭审中可能出现的问题及应对措施。

第一百九十二条 审判长宣布合议庭组成人员、书记员、公诉人名单及辩护人、鉴定人、翻译人员等诉讼参与人的名单。

第一百九十三条 审判长应当告知当事人及其法定代理人、辩护人、诉讼代理人在法庭审理过程中依法享有下列诉讼权利：

（一）可以申请合议庭组成人员、书记员、公诉人、鉴定人和翻译人员回避；

（二）可以提出证据，申请通知新的证人到庭、调取新的证据，申请重新鉴定或者勘验、检查；

（三）被告人可以自行辩护；

（四）被告人可以在法庭辩论终结后作最后陈述。

第二百零二条 公诉人可以提请审判长通知证人、鉴定人出庭作证，或者出示证据。被害人及其法定代理人、诉讼代理人，附带民事诉讼原告人及其诉讼代理人也可以提出申请。

在控诉一方举证后，被告人及其法定代理人、辩护人可以提请审判长通知证人、鉴定人出庭作证，或者出示证据。

第二百零三条 控辩双方申请证人出庭作证，出示证据，应当说明证据的名称、来源和拟证明的事实。法庭认为有必要的，应当准许；对方提出异议，认为有关证据与案件无关或者明显重复、不必要，法庭经审查异议成立的，可以不予准许。

第二百零四条 已经移送人民法院的证据，控辩双方需要出示的，可以向法庭提出申请。法庭同意的，应当指令值庭法警出示、播放；需要宣读的，由值庭法警交由申请人宣读。

第二百零五条 公诉人、当事人或者辩护人、诉讼代理人对证人证言有异议，且该证人证言对定罪量刑有重大影响，或者对鉴定意见有异议，申请法庭通知证人、鉴定人出庭作证，人民法院认为有必要的，应当通知证人、鉴定人出庭；无法通知或者证人、鉴定人拒绝出庭的，应当及时告知申请人。

第二百零六条 证人具有下列情形之一，无法出庭作证的，人民法院可以准许其不出庭：

（一）在庭审期间身患严重疾病或者行动极为不便的；

（二）居所远离开庭地点且交通极为不便的；

（三）身处国外短期无法回国的；

（四）有其他客观原因，确实无法出庭的。

具有前款规定情形的，可以通过视频等方式作证。

第二百零七条 证人出庭作证所支出的交通、住宿、就餐等费用，人民法院应当给予补助。

第二百零八条 强制证人出庭的，应当由院长签发强制证人出庭令。

第二百零九条 审判危害国家安全犯罪、恐怖活动犯罪、黑社会性质的组织犯罪、毒品犯罪等案件，证人、鉴定人、被害人因出庭作证，本人或者其近亲属的人身安全面临危险的，人民法院应当采取不公开其真实姓名、住址和工作单位等个人信息，或者不暴露其外貌、真实声音等保护措施。

审判期间，证人、鉴定人、被害人提出保护请求的，人民法院应当立即审查；认为确有保护必要的，应当及时决定采取相应保护措施。

第二百一十条 决定对出庭作证的证人、鉴定人、被害人采取不公开个人信息的保护措施的，审判人员应当在开庭前核实其身份，对证人、鉴定人如实作证的保证书不得公开，在判决书、裁定书等法律文书中可以使用化名等代替其个人信息。

第二百一十一条 证人、鉴定人到庭后，审判人员应当核实其身份、与当事人以及本案的关系，并告知其有关作证的权利义务和法律责任。

证人、鉴定人作证前，应当保证向法庭如实提供证言、说明鉴定意见，并在保证书上签名。

第二百一十二条 向证人、鉴定人发问，应当先由提请通知的一方进行；发问完毕后，经审判长准许，对方也可以发问。

第二百一十三条 向证人发问应当遵循以下规则：

（一）发问的内容应当与本案事实有关；

（二）不得以诱导方式发问；

（三）不得威胁证人；

（四）不得损害证人的人格尊严。

前款规定适用于对被告人、被害人、附带民事诉讼当事人、鉴定人、有专门知识的人的讯问、发问。

第二百一十四条 控辩双方的讯问、发问方式不当或者内容与本案无关的，对方可以提出异议，申请审判长制止，审判长应当判明情况予以支持或者驳回；对方未提出异议的，审判长也可以根据情况予以制止。

第二百一十五条 审判人员认为必要时，可以询问证人、鉴定人、有专门知识的人。

第二百一十六条 向证人、鉴定人、有专门知识的人发问应当分别进行。证人、鉴定人、有专门知识的人经控辩双方发问或者审判人员询问后，审判长应当告知其退庭。

证人、鉴定人、有专门知识的人不得旁听对本案的审理。

第二百一十七条 公诉人、当事人及其辩护人、诉讼代理人申请法庭通知有专门知识的人出庭，就鉴定意见提出意见的，应当说明理由。法庭认为有必要的，应当通知有专门知识的人出庭。

申请有专门知识的人出庭，不得超过二人。有多种类鉴定意见的，可以相应增加人数。

有专门知识的人出庭，适用鉴定人出庭的有关规定。

第二百二十二条 法庭审理过程中，当事人及其辩护人、诉讼代理人申请通知新的证人到庭，调取新的证据，申请重新鉴定或者勘验的，应当提供证人的姓名、证据的存放地点，说明拟证明的案件事实，要求重新鉴定或者勘验的理由。法庭认为有必要的，应当同意，并宣布延期审理；不同意的，应当说明理由并继续审理。

延期审理的案件，符合刑事诉讼法第二百零二条第一款规定的，可以报请上级人民法院批准延长审理期限。

人民法院同意重新鉴定申请的，应当及时委托鉴定，并将鉴定意见告知人民检察院、当事人及其辩护人、诉讼代理人。

第二百三十九条　法庭笔录应当在庭审后交由当事人、法定代理人、辩护人、诉讼代理人阅读或者向其宣读。

法庭笔录中的出庭证人、鉴定人、有专门知识的人的证言、意见部分，应当在庭审后分别交由有关人员阅读或者向其宣读。

前两款所列人员认为记录有遗漏或者差错的，可以请求补充或者改正；确认无误后，应当签名；拒绝签名的，应当记录在案；要求改变庭审中陈述的，不予准许。

第二百四十九条　法庭审理过程中，诉讼参与人、旁听人员应当遵守以下纪律：

（一）服从法庭指挥，遵守法庭礼仪；

（二）不得鼓掌、喧哗、哄闹、随意走动；

（三）不得对庭审活动进行录音、录像、摄影，或者通过发送邮件、博客、微博客等方式传播庭审情况，但经人民法院许可的新闻记者除外；

（四）旁听人员不得发言、提问；

（五）不得实施其他扰乱法庭秩序的行为。

第二百五十条　法庭审理过程中，诉讼参与人或者旁听人员扰乱法庭秩序的，审判长应当按照下列情形分别处理：

（一）情节较轻的，应当警告制止并进行训诫；

（二）不听制止的，可以指令法警强行带出法庭；

（三）情节严重的，报经院长批准后，可以对行为人处一千元以下的罚款或者十五日以下的拘留；

（四）未经许可录音、录像、摄影或者通过邮件、博客、微博客等方式传播庭审情况的，可以暂扣存储介质或者相关设备。

诉讼参与人、旁听人员对罚款、拘留的决定不服的，可以直接向上一级人民法院申请复议，也可以通过决定罚款、拘留的人民法院向上一级人民法院申请复议。通过决定罚款、拘留的人民法院申请复议的，该人民法院应当自收到复议申请之日起三日内，将复议申请、罚款或者拘留决定书和有关事实、证据材料一并报上一级人民法院复议。复议期间，不停止决定的执行。

第二百五十一条　担任辩护人、诉讼代理人的律师严重扰乱法庭秩序，被强行带出法庭或者被处以罚款、拘留的，人民法院应当通报司法行政机关，并可以建议依法给予相应处罚。

第二百五十二条　聚众哄闹、冲击法庭或者侮辱、诽谤、威胁、殴打司法工作人员或者诉讼参与人，严重扰乱法庭秩序，构成犯罪的，应当依法追究刑事责任。

第二百五十三条　辩护人严重扰乱法庭秩序，被强行带出法庭或者被处以罚款、拘留，被告人自行辩护的，庭审继续进行；被告人要求另行委托辩护人，或者被告人属于应当提供法律援助情形的，应当宣布休庭。

第三百五十九条　人民法院对查封、扣押、冻结的被告人财物及其孳息，应当妥善保管，并制作清单，附卷备查；对人民检察院随案移送的被告人财物及其孳息，应当根据清单核查后妥善保管。任何单位和个人不得挪用或者自行处理。

查封不动产、车辆、船舶、航空器等财物，应当扣押其权利证书，经拍照或者录像后原地封存，或者交持有人、被告人的近亲属保管，登记并写明财物的名称、型号、权属、地址等详细情况，并通知有关财物的登记、管理部门办理查封登记手续。

扣押物品，应当登记并写明物品名称、型号、规格、数量、重量、质量、成色、纯度、颜色、新旧程度、缺损特征和来源等。扣押货币、有价证券，应当登记并写明货币、有价证券的名称、数额、面额等，货币应当存入银行专门账户，并登记银行存款凭证的名称、内容。扣押文物、金银、珠宝、名贵字画等贵重物品以及违禁品，应当拍照，需要鉴定的，应当及时鉴定。对扣押的物品应当根据有关规定及时估价。

冻结存款、汇款、债券、股票、基金份额等财产，应当登记并写明编号、种类、面值、张数、金额等。

第三百六十条 对被害人的合法财产，权属明确的，应当依法及时返还，但须经拍照、鉴定、估价，并在案卷中注明返还的理由，将原物照片、清单和被害人的领取手续附卷备查；权属不明的，应当在人民法院判决、裁定生效后，按比例返还被害人，但已获退赔的部分应予扣除。

第三百七十六条 具有下列情形之一，可能改变原判决、裁定据以定罪量刑的事实的证据，应当认定为刑事诉讼法第二百四十二条第一项规定的"新的证据"：

（一）原判决、裁定生效后新发现的证据；

（二）原判决、裁定生效前已经发现，但未予收集的证据；

（三）原判决、裁定生效前已经收集，但未经质证的证据；

（四）原判决、裁定所依据的鉴定意见，勘验、检查等笔录或者其他证据被改变或者否定的。

第五百二十四条 实施暴力行为，危害公共安全或者严重危害公民人身安全，社会危害性已经达到犯罪程度，但经法定程序鉴定依法不负刑事责任的精神病人，有继续危害社会可能的，可以予以强制医疗。

第五百二十五条 人民检察院申请对依法不负刑事责任的精神病人强制医疗的案件，由被申请人实施暴力行为所在地的基层人民法院管辖；由被申请人居住地的人民法院审判更为适宜的，可以由被申请人居住地的基层人民法院管辖。

第五百二十六条 对人民检察院提出的强制医疗申请，人民法院应当审查以下内容：

（一）是否属于本院管辖；

（二）是否写明被申请人的身份，实施暴力行为的时间、地点、手段、所造成的损害等情况，并附相关证据材料；

（三）是否附有法医精神病鉴定意见和其他证明被申请人属于依法不负刑事责任的精神病人的证据材料；

（四）是否列明被申请人的法定代理人的姓名、住址、联系方式；

（五）需要审查的其他事项。

第五百三十二条 第一审人民法院在审理案件过程中发现被告人可能符合强制医疗条件的，应当依照法定程序对被告人进行法医精神病鉴定。经鉴定，被告人属于依法不负刑事责任的精神病人的，应当适用强制医疗程序，对案件进行审理。

开庭审理前款规定的案件，应当先由合议庭组成人员宣读对被告人的法医精神病鉴定意见，说明被告人可能符合强制医疗的条件，后依次由公诉人和被告人的法定代理人、诉讼代理人发表意见。经审判长许可，公诉人和被告人的法定代理人、诉讼代理人可以进行辩论。

第五百四十一条　强制医疗机构提出解除强制医疗意见，或者被强制医疗的人及其近亲属申请解除强制医疗的，人民法院应当审查是否附有对被强制医疗的人的诊断评估报告。

强制医疗机构提出解除强制医疗意见，未附诊断评估报告的，人民法院应当要求其提供。

被强制医疗的人及其近亲属向人民法院申请解除强制医疗，强制医疗机构未提供诊断评估报告的，申请人可以申请人民法院调取。必要时，人民法院可以委托鉴定机构对被强制医疗的人进行鉴定。

人民检察院刑事诉讼规则

（2019 年 12 月 30 日公布　高检发释字〔2019〕4 号）

第三十七条　本规则关于回避的规定，适用于书记员、司法警察和人民检察院聘请或者指派的翻译人员、鉴定人。

书记员、司法警察和人民检察院聘请或者指派的翻译人员、鉴定人的回避由检察长决定。

辩护人、诉讼代理人可以依照刑事诉讼法及本规则关于回避的规定要求回避、申请复议。

第六十四条　行政机关在行政执法和查办案件过程中收集的物证、书证、视听资料、电子数据等证据材料，经人民检察院审查符合法定要求的，可以作为证据使用。

行政机关在行政执法和查办案件过程中收集的鉴定意见、勘验、检查笔录，经人民检察院审查符合法定要求的，可以作为证据使用。

第六十五条　监察机关依照法律规定收集的物证、书证、证人证言、被调查人供述和辩解、视听资料、电子数据等证据材料，在刑事诉讼中可以作为证据使用。

第七十九条　人民检察院在办理危害国家安全犯罪、恐怖活动犯罪、黑社会性质的组织犯罪、毒品犯罪等案件过程中，证人、鉴定人、被害人因在诉讼中作证，本人或者其近亲属人身安全面临危险，向人民检察院请求保护的，人民检察院应当受理并及时进行审查。对于确实存在人身安全危险的，应当立即采取必要的保护措施。人民检察院发现存在上述情形的，应当主动采取保护措施。

人民检察院可以采取以下一项或者多项保护措施：

（一）不公开真实姓名、住址和工作单位等个人信息；

（二）建议法庭采取不暴露外貌、真实声音等出庭作证措施；

（三）禁止特定的人员接触证人、鉴定人、被害人及其近亲属；

（四）对人身和住宅采取专门性保护措施；

（五）其他必要的保护措施。

人民检察院依法决定不公开证人、鉴定人、被害人的真实姓名、住址和工作单位等个人信息的，可以在起诉书、询问笔录等法律文书、证据材料中使用化名。但是应当另行书面说明使用化名的情况并标明密级，单独成卷。

人民检察院依法采取保护措施，可以要求有关单位和个人予以配合。

对证人及其近亲属进行威胁、侮辱、殴打或者打击报复，构成犯罪或者应当给予治安管理处罚的，人民检察院应当移送公安机关处理；情节轻微的，予以批评教育、训诫。

第一百零一条 犯罪嫌疑人有下列违反取保候审规定的行为，人民检察院应当对犯罪嫌疑人予以逮捕：

（一）故意实施新的犯罪；

（二）企图自杀、逃跑；

（三）实施毁灭、伪造证据，串供或者干扰证人作证，足以影响侦查、审查起诉工作正常进行；

（四）对被害人、证人、鉴定人、举报人、控告人及其他人员实施打击报复。

犯罪嫌疑人有下列违反取保候审规定的行为，人民检察院可以对犯罪嫌疑人予以逮捕：

（一）未经批准，擅自离开所居住的市、县，造成严重后果，或者两次未经批准，擅自离开所居住的市、县；

（二）经传讯不到案，造成严重后果，或者经两次传讯不到案；

（三）住址、工作单位和联系方式发生变动，未在二十四小时以内向公安机关报告，造成严重后果；

（四）违反规定进入特定场所、与特定人员会见或者通信、从事特定活动，严重妨碍诉讼程序正常进行。

有前两款情形，需要对犯罪嫌疑人予以逮捕的，可以先行拘留；已交纳保证金的，同时书面通知公安机关没收保证金。

第一百一十一条 犯罪嫌疑人有下列违反监视居住规定的行为，人民检察院应当对犯罪嫌疑人予以逮捕：

（一）故意实施新的犯罪行为；

（二）企图自杀、逃跑；

（三）实施毁灭、伪造证据或者串供、干扰证人作证行为，足以影响侦查、审查起诉工作正常进行；

（四）对被害人、证人、鉴定人、举报人、控告人及其他人员实施打击报复。

犯罪嫌疑人有下列违反监视居住规定的行为，人民检察院可以对犯罪嫌疑人予以逮捕：

（一）未经批准，擅自离开执行监视居住的处所，造成严重后果，或者两次未经批准，擅自离开执行监视居住的处所；

（二）未经批准，擅自会见他人或者通信，造成严重后果，或者两次未经批准，擅自会见他人或者通信；

（三）经传讯不到案，造成严重后果，或者经两次传讯不到案。

有前两款情形，需要对犯罪嫌疑人予以逮捕的，可以先行拘留。

第一百六十九条　进行调查核实，可以采取询问、查询、勘验、检查、鉴定、调取证据材料等不限制被调查对象人身、财产权利的措施。不得对被调查对象采取强制措施，不得查封、扣押、冻结被调查对象的财产，不得采取技术侦查措施。

第一百八十六条　犯罪嫌疑人被送交看守所羁押后，检察人员对其进行讯问，应当填写提讯、提解证，在看守所讯问室进行。

因辨认、鉴定、侦查实验或者追缴犯罪有关财物的需要，经检察长批准，可以提押犯罪嫌疑人出所，并应当由两名以上司法警察押解。不得以讯问为目的将犯罪嫌疑人提押出所进行讯问。

第二百一十八条　人民检察院为了查明案情，解决案件中某些专门性的问题，可以进行鉴定。

鉴定由人民检察院有鉴定资格的人员进行。必要时，也可以聘请其他有鉴定资格的人员进行，但是应当征得鉴定人所在单位同意。

第二百一十九条　人民检察院应当为鉴定人提供必要条

件，及时向鉴定人送交有关检材和对比样本等原始材料，介绍与鉴定有关的情况，并明确提出要求鉴定解决的问题，但是不得暗示或者强迫鉴定人作出某种鉴定意见。

第二百二十条 对于鉴定意见，检察人员应当进行审查，必要时可以进行补充鉴定或者重新鉴定。重新鉴定的，应当另行指派或者聘请鉴定人。

第二百二十一条 用作证据的鉴定意见，人民检察院办案部门应当告知犯罪嫌疑人、被害人；被害人死亡或者没有诉讼行为能力的，应当告知其法定代理人、近亲属或诉讼代理人。

犯罪嫌疑人、被害人或被害人的法定代理人、近亲属、诉讼代理人提出申请，可以补充鉴定或者重新鉴定，鉴定费用由请求方承担。但原鉴定违反法定程序的，由人民检察院承担。

犯罪嫌疑人的辩护人或者近亲属以犯罪嫌疑人有患精神病可能而申请对犯罪嫌疑人进行鉴定的，鉴定费用由申请方承担。

第二百二十二条 对犯罪嫌疑人作精神病鉴定的期间不计入羁押期限和办案期限。

第二百五十九条 办理审查逮捕、审查起诉案件，可以询问证人、被害人、鉴定人等诉讼参与人，并制作笔录附卷。询问时，应当告知其诉讼权利和义务。

询问证人、被害人的地点按照刑事诉讼法第一百二十四条的规定执行。

第二百六十条 讯问犯罪嫌疑人，询问被害人、证人、鉴定人，听取辩护人、被害人及其诉讼代理人的意见，应当由检察人员负责进行。检察人员或者检察人员和书记员不得少于二人。

讯问犯罪嫌疑人，询问证人、鉴定人、被害人，应当个别进行。

第三百三十二条 人民检察院认为需要对案件中某些专门性问题进行鉴定而监察机关或者公安机关没有鉴定的，应当要求监察机关或者公安机关进行鉴定。必要时，也可以由人民检察院进行鉴定，或者由人民检察院聘请有鉴定资格的人进行鉴定。

人民检察院自行进行鉴定的，可以商请监察机关或者公安机关派员参加，必要时可以聘请有鉴定资格或者有专门知识的人参加。

第三百三十三条 在审查起诉中，发现犯罪嫌疑人可能患有精神病的，人民检察院应当依照本规则的有关规定对犯罪嫌疑人进行鉴定。

犯罪嫌疑人的辩护人或者近亲属以犯罪嫌疑人可能患有精神病而申请对犯罪嫌疑人进行鉴定的，人民检察院也可以依照本规则的有关规定对犯罪嫌疑人进行鉴定。鉴定费用由申请方承担。

第三百三十四条 人民检察院对鉴定意见有疑问的，可以询问鉴定人或者有专门知识的人并制作笔录附卷，也可以指派有鉴定资格的检察技术人员或者聘请其他有鉴定资格的人进行补充鉴定或者重新鉴定。

人民检察院对鉴定意见等技术性证据材料需要进行专门审查的，按照有关规定交检察技术人员或者其他有专门知识的人进行审查并出具审查意见。

第三百三十六条 人民检察院对物证、书证、视听资料、电子数据及勘验、检查、辨认、侦查实验等笔录存在疑问的，可以要求调查人员或者侦查人员提供获取、制作的有关情况，必要时也可以询问提供相关证据材料的人员和见证人并制作笔录附卷，对物证、书证、视听资料、电子数据进行鉴定。

第三百四十四条 对于监察机关移送起诉的案件，具有下列情形之一的，人民检察院可以自行补充侦查：

（一）证人证言、犯罪嫌疑人供述和辩解、被害人陈述的内容主要情节一致，个别情节不一致的；

（二）物证、书证等证据材料需要补充鉴定的；

（三）其他由人民检察院查证更为便利、更有效率、更有利于查清案件事实的情形。

自行补充侦查完毕后，应当将相关证据材料入卷，同时抄送监察机关。人民检察院自行补充侦查的，可以商请监察机关提供协助。

第三百五十八条 人民检察院决定起诉的，应当制作起诉书。

起诉书的主要内容包括：

（一）被告人的基本情况，包括姓名、性别、出生年月日、出生地和户籍地、公民身份号码、民族、文化程度、职业、工作单位及职务、住址，是否受过刑事处分及处分的种类和时间，采取强制措施的情况等；如果是单位犯罪，应当写明犯罪单位的名称和组织机构代码、所在地址、联系方式，法定代表人和诉讼代表人的姓名、职务、联系方式；如果还有应当负刑事责任的直接负责的主管人员或其他直接责任人员，应当按上述被告人基本情况的内容叙写；

（二）案由和案件来源；

（三）案件事实，包括犯罪的时间、地点、经过、手段、动机、目的、危害后果等与定罪量刑有关的事实要素。起诉书叙述的指控犯罪事实的必备要素应当明晰、准确。被告人被控有多项犯罪事实的，应当逐一列举，对于犯罪手段相同的同一犯罪可以概括叙写；

（四）起诉的根据和理由，包括被告人触犯的刑法条款、犯罪的性质及认定的罪名、处罚条款、法定从轻、减轻或者从重处罚的情节，共同犯罪各被告人应负的罪责等；

（五）被告人认罪认罚情况，包括认罪认罚的内容、具结书签署情况等。

被告人真实姓名、住址无法查清的，可以按其绰号或者自报的姓名、住址制作起诉书，并在起诉书中注明。被告人自报的姓名可能造成损害他人名誉、败坏道德风俗等不良影响的，可以对被告人编号并按编号制作起诉书，附具被告人的照片，记明足以确定被告人面貌、体格、指纹以及其他反映被告人特征的事项。

起诉书应当附有被告人现在处所，证人、鉴定人、需要出庭的有专门知识的人的名单，需要保护的被害人、证人、鉴定人的化名名单，查封、扣押、冻结的财物及孳息的清单，附带民事诉讼、附带民事公益诉讼情况以及其他需要附注的情况。

证人、鉴定人、有专门知识的人的名单应当列明姓名、性别、年龄、职业、住址、联系方式，并注明证人、鉴定人是否出庭。

第三百五十九条　人民检察院提起公诉的案件，应当向人民法院移送起诉书、案卷材料、证据和认罪认罚具结书等材料。

起诉书应当一式八份，每增加一名被告人增加起诉书五份。

关于被害人姓名、住址、联系方式、被告人被采取强制措施的种类、是否在案及羁押处所等问题，人民检察院应当在起诉书中列明，不再单独移送材料；对于涉及被害人隐私或者为保护证人、鉴定人、被害人人身安全，而不宜公开证人、鉴定人、被害人姓名、住址、工作单位和联系方式等个人信息的，可以在起诉书中使用化名。但是应当另行书面说明使用化名的情况并标明密级，单独成卷。

第三百九十二条 人民法院决定开庭审判的，公诉人应当做好以下准备工作：

（一）进一步熟悉案情，掌握证据情况；

（二）深入研究与本案有关的法律政策问题；

（三）充实审判中可能涉及的专业知识；

（四）拟定讯问被告人、询问证人、鉴定人、有专门知识的人和宣读、出示、播放证据的计划并制定质证方案；

（五）对可能出现证据合法性争议的，拟定证明证据合法性的提纲并准备相关材料；

（六）拟定公诉意见，准备辩论提纲；

（七）需要对出庭证人等的保护向人民法院提出建议或者配合工作的，做好相关准备。

第三百九十五条 在庭前会议中，公诉人可以对案件管辖、回避、出庭证人、鉴定人、有专门知识的人的名单、辩护人提供的无罪证据、非法证据排除、不公开审理、延期审理、适用简易程序或者速裁程序、庭审方案等与审判相关的问题提出和交换意见，了解辩护人收集的证据等情况。

对辩护人收集的证据有异议的，应当提出，并简要说明理由。

公诉人通过参加庭前会议，了解案件事实、证据和法律适用的争议和不同意见，解决有关程序问题，为参加法庭审理做好准备。

第三百九十八条 公诉人在法庭上应当依法进行下列活动：

（一）宣读起诉书，代表国家指控犯罪，提请人民法院对被告人依法审判；

（二）讯问被告人；

（三）询问证人、被害人、鉴定人；

（四）申请法庭出示物证，宣读书证、未到庭证人的证言笔录、鉴定人的鉴定意见、勘验、检查、辨认、侦查实验等笔录和其他作为证据的文书，播放作为证据的视听资料、电子数据等；

（五）对证据采信、法律适用和案件情况发表意见，提出量刑建议及理由，针对被告人、辩护人的辩护意见进行答辩，全面阐述公诉意见；

（六）维护诉讼参与人的合法权利；

（七）对法庭审理案件有无违反法律规定诉讼程序的情况记明笔录；

（八）依法从事其他诉讼活动。

第四百条 公诉人讯问被告人，询问证人、被害人、鉴定人，出示物证，宣读书证、未出庭证人的证言笔录等应当围绕下列事实进行：

（一）被告人的身份；

（二）指控的犯罪事实是否存在，是否为被告人所实施；

（三）实施犯罪行为的时间、地点、方法、手段、结果，被告人犯罪后的表现等；

（四）犯罪集团或者其他共同犯罪案件中参与犯罪人员的各自地位和应负的责任；

（五）被告人有无刑事责任能力，有无故意或者过失，行为的动机、目的；

（六）有无依法不应当追究刑事责任的情况，有无法定的从重或者从轻、减轻以及免除处罚的情节；

（七）犯罪对象、作案工具的主要特征，与犯罪有关的财物的来源、数量以及去向；

（八）被告人全部或者部分否认起诉书指控的犯罪事实的，否认的根据和理由能否成立；

（九）与定罪、量刑有关的其他事实。

第四百零四条 公诉人对证人证言有异议，且该证人证言对案件定罪量刑有重大影响的，可以申请人民法院通知证人出庭作证。

人民警察就其执行职务时目击的犯罪情况作为证人出庭作证，适用前款规定。

公诉人对鉴定意见有异议的，可以申请人民法院通知鉴定人出庭作证。经人民法院通知，鉴定人拒不出庭作证的，公诉人可以建议法庭不予采纳该鉴定意见作为定案的根据，也可以申请法庭重新通知鉴定人出庭作证或者申请重新鉴定。

必要时，公诉人可以申请法庭通知有专门知识的人出庭，就鉴定人作出的鉴定意见提出意见。

当事人或者辩护人、诉讼代理人对证人证言、鉴定意见有异议，公诉人认为必要时，可以申请人民法院通知证人、鉴定人出庭作证。

第四百零六条 证人在法庭上提供证言，公诉人应当按照审判长确定的顺序向证人发问。可以要求证人就其所了解的与案件有关的事实进行陈述，也可以直接发问。

证人不能连贯陈述的，公诉人可以直接发问。

向证人发问，应当针对证言中有遗漏、矛盾、模糊不清和有争议的内容，并着重围绕与定罪量刑紧密相关的事实进行。

发问采取一问一答形式，提问应当简洁、清楚。

证人进行虚假陈述的，应当通过发问澄清事实，必要时可以宣读在侦查、审查起诉阶段制作的该证人的证言笔录或者出示、宣读其他证据。

当事人和辩护人、诉讼代理人向证人发问后，公诉人可以根据证人回答的情况，经审判长许可，再次向证人发问。

询问鉴定人、有专门知识的人参照上述规定进行。

第四百零七条 必要时，公诉人可以建议法庭采取不暴露证人、鉴定人、被害人外貌、真实声音等出庭作证保护措施，或者建议法庭根据刑事诉讼法第一百五十四条的规定在庭外对证据进行核实。

第四百零八条 对于鉴定意见、勘验、检查、辨认、侦查实验等笔录和其他作为证据的文书以及经人民法院通知而未到庭的被害人的陈述笔录，公诉人应当当庭宣读。

第四百零九条 公诉人向法庭出示物证，一般应当出示原物，原物不易搬运、不易保存或者已返还被害人的，可以出示反映原物外形和特征的照片、录像、复制品，并向法庭说明情况及与原物的同一性。

公诉人向法庭出示书证，一般应当出示原件。获取书证原件确有困难的，可以出示书证副本或者复制件，并向法庭说明情况及与原件的同一性。

公诉人向法庭出示物证、书证，应当对该物证、书证所要证明的内容、获取情况作出说明，并向当事人、证人等问明物证的主要特征，让其辨认。对该物证、书证进行鉴定的，应当宣读鉴定意见。

第四百一十五条　在法庭审理过程中，合议庭对证据有疑问并在休庭后进行勘验、检查、查封、扣押、鉴定和查询、冻结的，人民检察院应当依法进行监督，发现上述活动有违法情况的，应当提出纠正意见。

第四百二十条　在法庭审判过程中，遇有下列情形之一的，公诉人可以建议法庭延期审理：

（一）发现事实不清、证据不足，或者遗漏罪行、遗漏同案犯罪嫌疑人，需要补充侦查或者补充提供证据的；

（二）被告人揭发他人犯罪行为或者提供重要线索，需要补充侦查进行查证的；

（三）发现遗漏罪行或者遗漏同案犯罪嫌疑人，虽不需要补充侦查和补充提供证据，但需要补充、追加起诉的；

（四）申请人民法院通知证人、鉴定人出庭作证或者有专门知识的人出庭提出意见的；

（五）需要调取新的证据，重新鉴定或者勘验的；

（六）公诉人出示、宣读开庭前移送人民法院的证据以外的证据，或者补充、追加、变更起诉，需要给予被告人、辩护人必要时间进行辩护准备的；

（七）被告人、辩护人向法庭出示公诉人不掌握的与定罪量刑有关的证据，需要调查核实的；

（八）公诉人对证据收集的合法性进行证明，需要调查核实的。

在人民法院开庭审理前发现具有前款情形之一的，人民检察院可以建议人民法院延期审理。

第四百三十四条　公诉人出席简易程序法庭时，应当主要围绕量刑以及其他有争议的问题进行法庭调查和法庭辩论。在确认被告人庭前收到起诉书并对起诉书指控的犯罪事实没有异议后，可以简化宣读起诉书，根据案件情况决定是否讯问被告人，询问证人、鉴定人和出示证据。

根据案件情况，公诉人可以建议法庭简化法庭调查和法庭辩论程序。

第四百四十九条　检察人员在审查第一审案卷材料时，应当复核主要证据，可以讯问原审被告人。必要时，可以补充收集证据、重新鉴定或者补充鉴定。需要原侦查案件的公安机关补充收集证据的，可以要求其补充收集。

被告人、辩护人提出被告人自首、立功等可能影响定罪量刑的材料和线索的，可以移交公安机关调查核实，也可以自行调查核实。发现遗漏罪行或者同案犯罪嫌疑人的，应当建议公安机关侦查。

对于下列原审被告人，应当进行讯问：

（一）提出上诉的；

（二）人民检察院提出抗诉的；

（三）被判处无期徒刑以上刑罚的。

第四百五十条　人民检察院办理死刑上诉、抗诉案件，应当进行下列工作：

（一）讯问原审被告人，听取原审被告人的上诉理由或者辩解；

（二）听取辩护人的意见；

（三）复核主要证据，必要时询问证人；

（四）必要时补充收集证据；

（五）对鉴定意见有疑问的，可以重新鉴定或者补充鉴定；

（六）根据案件情况，可以听取被害人的意见。

第四百五十一条 出席第二审法庭前，检察人员应当制作讯问原审被告人、询问被害人、证人、鉴定人和出示、宣读、播放证据计划，拟写答辩提纲，并制作出庭意见。

第四百五十二条 在法庭审理中，检察官应当针对原审判决或者裁定认定事实或适用法律、量刑等方面的问题，围绕抗诉或者上诉理由以及辩护人的辩护意见，讯问原审被告人，询问被害人、证人、鉴定人，出示和宣读证据，并提出意见和进行辩论。

第五百三十四条 对于实施暴力行为，危害公共安全或者严重危害公民人身安全，已经达到犯罪程度，经法定程序鉴定依法不负刑事责任的精神病人，有继续危害社会可能的，人民检察院应当向人民法院提出强制医疗的申请。

提出强制医疗的申请以及对强制医疗决定的监督，由负责捕诉的部门办理。

第五百三十六条 人民检察院向人民法院提出强制医疗的申请，应当制作强制医疗申请书。强制医疗申请书的主要内容包括：

（一）涉案精神病人的基本情况，包括姓名、性别、出生年月日、出生地、户籍地、公民身份号码、民族、文化程度、职业、工作单位及职务、住址，采取临时保护性约束措施的情况及处所等；

（二）涉案精神病人的法定代理人的基本情况，包括姓名、住址、联系方式等；

（三）案由及案件来源；

（四）涉案精神病人实施危害公共安全或者严重危害公民人身安全的暴力行为的事实，包括实施暴力行为的时间、地点、手段、后果等及相关证据情况；

（五）涉案精神病人不负刑事责任的依据，包括有关鉴定意见和其他证据材料；

（六）涉案精神病人继续危害社会的可能；

（七）提出强制医疗申请的理由和法律依据。

第五百三十七条 人民检察院审查公安机关移送的强制医疗意见书，应当查明：

（一）是否属于本院管辖；

（二）涉案精神病人身份状况是否清楚，包括姓名、性别、国籍、出生年月日、职业和单位等；

（三）涉案精神病人实施危害公共安全或者严重危害公民人身安全的暴力行为的事实；

（四）公安机关对涉案精神病人进行鉴定的程序是否合法，涉案精神病人是否依法不负刑事责任；

（五）涉案精神病人是否有继续危害社会的可能；

（六）证据材料是否随案移送，不宜移送的证据的清单、复制件、照片或者其他证明文件是否随案移送；

（七）证据是否确实、充分；

（八）采取的临时保护性约束措施是否适当。

第五百三十八条 人民检察院办理公安机关移送的强制医

疗案件，可以采取以下方式开展调查，调查情况应当记录并附卷：

（一）会见涉案精神病人，听取涉案精神病人的法定代理人、诉讼代理人意见；

（二）询问办案人员、鉴定人；

（三）向被害人及其法定代理人、近亲属了解情况；

（四）向涉案精神病人的主治医生、近亲属、邻居、其他知情人员或者基层组织等了解情况；

（五）就有关专门性技术问题委托具有法定资质的鉴定机构、鉴定人进行鉴定。

第五百四十一条 人民检察院对公安机关移送的强制医疗案件，发现公安机关对涉案精神病人进行鉴定违反法律规定，具有下列情形之一的，应当依法提出纠正意见：

（一）鉴定机构不具备法定资质的；

（二）鉴定人不具备法定资质或者违反回避规定的；

（三）鉴定程序违反法律或者有关规定，鉴定的过程和方法违反相关专业规范要求的；

（四）鉴定文书不符合法定形式要件的；

（五）鉴定意见没有依法及时告知相关人员的；

（六）鉴定人故意作虚假鉴定的；

（七）其他违反法律规定的情形。

人民检察院对精神病鉴定程序进行监督，可以要求公安机关补充鉴定或者重新鉴定。必要时，可以询问鉴定人并制作笔录，或者委托具有法定资质的鉴定机构进行补充鉴定或者重新鉴定。

第五百四十三条 在审查起诉中，犯罪嫌疑人经鉴定系依法不负刑事责任的精神病人的，人民检察院应当作出不起诉决定。认为符合刑事诉讼法第三百零二条规定条件的，应当向人民法院提出强制医疗的申请。

第五百五十一条　人民检察院对刑事诉讼活动实行法律监督，发现违法情形的，依法提出抗诉、纠正意见或者检察建议。

人民检察院对于涉嫌违法的事实，可以采取以下方式进行调查核实：

（一）讯问、询问犯罪嫌疑人；

（二）询问证人、被害人或者其他诉讼参与人；

（三）询问办案人员；

（四）询问在场人员或者其他可能知情的人员；

（五）听取申诉人或者控告人的意见；

（六）听取辩护人、值班律师意见；

（七）调取、查询、复制相关登记表册、法律文书、体检记录及案卷材料等；

（八）调取讯问笔录、询问笔录及相关录音、录像或其他视听资料；

（九）进行伤情、病情检查或者鉴定；

（十）其他调查核实方式。

人民检察院在调查核实过程中不得限制被调查对象的人身、财产权利。

第五百六十七条　人民检察院应当对侦查活动中是否存在以下违法行为进行监督：

（一）采用刑讯逼供以及其他非法方法收集犯罪嫌疑人供述的；

（二）讯问犯罪嫌疑人依法应当录音或者录像而没有录音或者录像，或者未在法定羁押场所讯问犯罪嫌疑人的；

（三）采用暴力、威胁以及非法限制人身自由等非法方法收集证人证言、被害人陈述，或者以暴力、威胁等方法阻止证人作证或者指使他人作伪证的；

（四）伪造、隐匿、销毁、调换、私自涂改证据，或者帮助当事人毁灭、伪造证据的；

（五）违反刑事诉讼法关于决定、执行、变更、撤销强制措施的规定，或者强制措施法定期限届满，不予释放、解除或者变更的；

（六）应当退还取保候审保证金不退还的；

（七）违反刑事诉讼法关于讯问、询问、勘验、检查、搜查、鉴定、采取技术侦查措施等规定的；

（八）对与案件无关的财物采取查封、扣押、冻结措施，或者应当解除查封、扣押、冻结而不解除的；

（九）贪污、挪用、私分、调换、违反规定使用查封、扣押、冻结的财物及其孳息的；

（十）不应当撤案而撤案的；

（十一）侦查人员应当回避而不回避的；

（十二）依法应当告知犯罪嫌疑人诉讼权利而不告知，影响犯罪嫌疑人行使诉讼权利的；

（十三）对犯罪嫌疑人拘留、逮捕、指定居所监视居住后依法应当通知家属而未通知的；

（十四）阻碍当事人、辩护人、诉讼代理人、值班律师依法行使诉讼权利的；

（十五）应当对证据收集的合法性出具说明或者提供证明

材料而不出具、不提供的；

（十六）侦查活动中的其他违反法律规定的行为。

第六百一十四条 人民检察院在办理案件过程中，犯罪嫌疑人、被告人被羁押，具有下列情形之一的，办案部门应当在作出决定或者收到决定书、裁定书后十日以内通知本院负有监督职责的部门：

（一）批准或者决定延长侦查羁押期限的；

（二）对于人民检察院直接受理侦查的案件，决定重新计算侦查羁押期限、变更或者解除强制措施的；

（三）对犯罪嫌疑人、被告人进行精神病鉴定的；

（四）审查起诉期间改变管辖、延长审查起诉期限的；

（五）案件退回补充侦查，或者补充侦查完毕移送起诉后重新计算审查起诉期限的；

（六）人民法院决定适用简易程序、速裁程序审理第一审案件，或者将案件由简易程序转为普通程序，由速裁程序转为简易程序、普通程序重新审理的；

（七）人民法院改变管辖，决定延期审理、中止审理，或者同意人民检察院撤回起诉的。

第六百一十六条 人民检察院发现公安机关的侦查羁押期限执行情况具有下列情形之一的，应当依法提出纠正意见：

（一）未按规定办理换押手续的；

（二）决定重新计算侦查羁押期限、经批准延长侦查羁押期限，未书面通知人民检察院和看守所的；

（三）对犯罪嫌疑人进行精神病鉴定，没有书面通知人民检察院和看守所的；

（四）其他违法情形。

第六百一十七条　人民检察院发现人民法院的审理期限执行情况具有下列情形之一的，应当依法提出纠正意见：

（一）在一审、二审和死刑复核阶段未按规定办理换押手续的；

（二）违反刑事诉讼法的规定重新计算审理期限、批准延长审理期限、改变管辖、延期审理、中止审理或者发回重审的；

（三）决定重新计算审理期限、批准延长审理期限、改变管辖、延期审理、中止审理、对被告人进行精神病鉴定，没有书面通知人民检察院和看守所的；

（四）其他违法情形。

公安机关办理刑事案件程序规定

(2012 年 12 月 13 日公安部令第 127 号修订发布　根据 2020 年 7 月 20 日公安部令第 159 号《公安部关于修改〈公安机关办理刑事案件程序规定〉的决定》修正)

第三十二条　公安机关负责人、侦查人员有下列情形之一的，应当自行提出回避申请，没有自行提出回避申请的，应当责令其回避，当事人及其法定代理人也有权要求他们回避：

（一）是本案的当事人或者是当事人的近亲属的；

（二）本人或者他的近亲属和本案有利害关系的；

（三）担任过本案的证人、鉴定人、辩护人、诉讼代理人的；

（四）与本案当事人有其他关系，可能影响公正处理案件的。

第四十条　本章关于回避的规定适用于记录人、翻译人员和鉴定人。

记录人、翻译人员和鉴定人需要回避的，由县级以上公安机关负责人决定。

第五十九条　可以用于证明案件事实的材料，都是证据。

证据包括：

（一）物证；

（二）书证；

（三）证人证言；

（四）被害人陈述；

（五）犯罪嫌疑人供述和辩解；

（六）鉴定意见；

（七）勘验、检查、侦查实验、搜查、查封、扣押、提取、辨认等笔录；

（八）视听资料、电子数据。

证据必须经过查证属实，才能作为认定案件事实的根据。

第六十三条 公安机关接受或者依法调取的行政机关在行政执法和查办案件过程中收集的物证、书证、视听资料、电子数据、鉴定意见、勘验笔录、检查笔录等证据材料，经公安机关审查符合法定要求的，可以作为证据使用。

第六十四条 收集、调取的物证应当是原物。只有在原物不便搬运、不易保存或者依法应当由有关部门保管、处理或者依法应当返还时，才可以拍摄或者制作足以反映原物外形或者内容的照片、录像或者复制品。

物证的照片、录像或者复制品经与原物核实无误或者经鉴定证明为真实的，或者以其他方式确能证明其真实的，可以作为证据使用。原物的照片、录像或者复制品，不能反映原物的外形和特征的，不能作为证据使用。

第六十五条 收集、调取的书证应当是原件。只有在取得原件确有困难时，才可以使用副本或者复制件。

书证的副本、复制件，经与原件核实无误或者经鉴定证明为真实的，或者以其他方式确能证明其真实的，可以作为证据使用。书证有更改或者更改迹象不能作出合理解释的，或者书证的副本、复制件不能反映书证原件及其内容的，不能作为证据使用。

第七十五条 对危害国家安全犯罪、恐怖活动犯罪、黑社会性质的组织犯罪、毒品犯罪等案件，证人、鉴定人、被害人因在侦查过程中作证，本人或者其近亲属的人身安全面临危险的，公安机关应当采取以下一项或者多项保护措施：

（一）不公开真实姓名、住址、通讯方式和工作单位等个人信息；

（二）禁止特定的人员接触被保护人；

（三）对被保护人的人身和住宅采取专门性保护措施；

（四）将被保护人带到安全场所保护；

（五）变更被保护人的住所和姓名；

（六）其他必要的保护措施。

证人、鉴定人、被害人认为因在侦查过程中作证，本人或者其近亲属的人身安全面临危险，向公安机关请求予以保护，公安机关经审查认为符合前款规定的条件，确有必要采取保护措施的，应当采取上述一项或者多项保护措施。

公安机关依法采取保护措施，可以要求有关单位和个人配合。

案件移送审查起诉时，应当将采取保护措施的相关情况一并移交人民检察院。

第七十六条 公安机关依法决定不公开证人、鉴定人、被害人的真实姓名、住址、通讯方式和工作单位等个人信息的，可以在起诉意见书、询问笔录等法律文书、证据材料中使用化名等代替证人、鉴定人、被害人的个人信息。但是，应当另行书面说明使用化名的情况并标明密级，单独成卷。

第七十七条 证人保护工作所必需的人员、经费、装备等，应当予以保障。

证人因履行作证义务而支出的交通、住宿、就餐等费用，应当给予补助。证人作证的补助列入公安机关业务经费。

第一百七十四条 对接受的案件，或者发现的犯罪线索，公安机关应当迅速进行审查。发现案件事实或者线索不明的，必要时，经办案部门负责人批准，可以进行调查核实。

调查核实过程中，公安机关可以依照有关法律和规定采取询问、查询、勘验、鉴定和调取证据材料等不限制被调查对象人身、财产权利的措施。但是，不得对被调查对象采取强制措施，不得查封、扣押、冻结被调查对象的财产，不得采取技术侦查措施。

第二百一十七条 为了确定被害人、犯罪嫌疑人的某些特征、伤害情况或者生理状态，可以对人身进行检查，依法提取、采集肖像、指纹等人体生物识别信息，采集血液、尿液等生物样本。被害人死亡的，应当通过被害人近亲属辨认、提取生物样本鉴定等方式确定被害人身份。

犯罪嫌疑人拒绝检查、提取、采集的，侦查人员认为必要的时候，经办案部门负责人批准，可以强制检查、提取、采集。

检查妇女的身体，应当由女工作人员或者医师进行。

检查的情况应当制作笔录，由参加检查的侦查人员、检查人员、被检查人员和见证人签名。被检查人员拒绝签名的，侦查人员应当在笔录中注明。

第二百一十八条　为了确定死因，经县级以上公安机关负责人批准，可以解剖尸体，并且通知死者家属到场，让其在解剖尸体通知书上签名。

死者家属无正当理由拒不到场或者拒绝签名的，侦查人员应当在解剖尸体通知书上注明。对身份不明的尸体，无法通知死者家属的，应当在笔录中注明。

第二百一十九条　对已查明死因，没有继续保存必要的尸体，应当通知家属领回处理，对于无法通知或者通知后家属拒绝领回的，经县级以上公安机关负责人批准，可以及时处理。

第二百二十条　公安机关进行勘验、检查后，人民检察院要求复验、复查的，公安机关应当进行复验、复查，并可以通知人民检察院派员参加。

第二百二十一条　为了查明案情，在必要的时候，经县级以上公安机关负责人批准，可以进行侦查实验。

进行侦查实验，应当全程录音录像，并制作侦查实验笔录，由参加实验的人签名。

进行侦查实验，禁止一切足以造成危险、侮辱人格或者有伤风化的行为。

第二百三十条　对查封、扣押的财物和文件，应当会同在场见证人和被查封、扣押财物、文件的持有人查点清楚，当场开列查封、扣押清单一式三份，写明财物或者文件的名称、编号、数量、特征及其来源等，由侦查人员、持有人和见证人签名，一份交给持有人，一份交给公安机关保管人员，一份附卷备查。

对于财物、文件的持有人无法确定，以及持有人不在现场或者拒绝签名的，侦查人员应当在清单中注明。

依法扣押文物、贵金属、珠宝、字画等贵重财物的，应当拍照或者录音录像，并及时鉴定、估价。

执行查封、扣押时，应当为犯罪嫌疑人及其所扶养的亲属保留必需的生活费用和物品。能够保证侦查活动正常进行的，可以允许有关当事人继续合理使用有关涉案财物，但应当采取必要的保值、保管措施。

第二百四十八条 为了查明案情，解决案件中某些专门性问题，应当指派、聘请有专门知识的人进行鉴定。

需要聘请有专门知识的人进行鉴定，应当经县级以上公安机关负责人批准后，制作鉴定聘请书。

第二百四十九条 公安机关应当为鉴定人进行鉴定提供必要的条件，及时向鉴定人送交有关检材和对比样本等原始材料，介绍与鉴定有关的情况，并且明确提出要求鉴定解决的问题。

禁止暗示或者强迫鉴定人作出某种鉴定意见。

第二百五十条 侦查人员应当做好检材的保管和送检工作，并注明检材送检环节的责任人，确保检材在流转环节中的同一性和不被污染。

第二百五十一条 鉴定人应当按照鉴定规则，运用科学方法独立进行鉴定。鉴定后，应当出具鉴定意见，并在鉴定意见书上签名，同时附上鉴定机构和鉴定人的资质证明或者其他证明文件。

多人参加鉴定，鉴定人有不同意见的，应当注明。

第二百五十二条 对鉴定意见，侦查人员应当进行审查。

对经审查作为证据使用的鉴定意见，公安机关应当及时告知犯罪嫌疑人、被害人或者其法定代理人。

第二百五十三条 犯罪嫌疑人、被害人对鉴定意见有异议提出申请，以及办案部门或者侦查人员对鉴定意见有疑义的，可以将鉴定意见送交其他有专门知识的人员提出意见。必要时，询问鉴定人并制作笔录附卷。

第二百五十四条 经审查，发现有下列情形之一的，经县级以上公安机关负责人批准，应当补充鉴定：

（一）鉴定内容有明显遗漏的；

（二）发现新的有鉴定意义的证物的；

（三）对鉴定证物有新的鉴定要求的；

（四）鉴定意见不完整，委托事项无法确定的；

（五）其他需要补充鉴定的情形。

经审查，不符合上述情形的，经县级以上公安机关负责人批准，作出不准予补充鉴定的决定，并在作出决定后三日以内书面通知申请人。

第二百五十五条 经审查，发现有下列情形之一的，经县级以上公安机关负责人批准，应当重新鉴定：

（一）鉴定程序违法或者违反相关专业技术要求的；

（二）鉴定机构、鉴定人不具备鉴定资质和条件的；

（三）鉴定人故意作虚假鉴定或者违反回避规定的；

（四）鉴定意见依据明显不足的；

（五）检材虚假或者被损坏的；

（六）其他应当重新鉴定的情形。

重新鉴定，应当另行指派或者聘请鉴定人。

经审查，不符合上述情形的，经县级以上公安机关负责人批准，作出不准予重新鉴定的决定，并在作出决定后三日以内书面通知申请人。

第二百五十六条　公诉人、当事人或者辩护人、诉讼代理人对鉴定意见有异议，经人民法院依法通知的，公安机关鉴定人应当出庭作证。

鉴定人故意作虚假鉴定的，应当依法追究其法律责任。

第二百五十七条　对犯罪嫌疑人作精神病鉴定的时间不计入办案期限，其他鉴定时间都应当计入办案期限。

第三百四十二条　公安机关发现实施暴力行为，危害公共安全或者严重危害公民人身安全的犯罪嫌疑人，可能属于依法不负刑事责任的精神病人的，应当对其进行精神病鉴定。

第三百四十三条　对经法定程序鉴定依法不负刑事责任的精神病人，有继续危害社会可能，符合强制医疗条件的，公安机关应当在七日以内写出强制医疗意见书，经县级以上公安机关负责人批准，连同相关证据材料和鉴定意见一并移送同级人民检察院。

第三百四十五条　采取临时的保护性约束措施时，应当对精神病人严加看管，并注意约束的方式、方法和力度，以避免和防止危害他人和精神病人的自身安全为限度。

对于精神病人已没有继续危害社会可能，解除约束后不致发生社会危险性的，公安机关应当及时解除保护性约束措施。

第三百八十二条　公安机关需要外国协助安排证人、鉴定人来中华人民共和国作证或者通过视频、音频作证，或者协助调查的，应当制作刑事司法协助请求书并附相关材料，经公安部审核同意后，由对外联系机关及时向外国提出请求。

来中华人民共和国作证或者协助调查的证人、鉴定人离境前，公安机关不得就其入境前实施的犯罪进行追究；除因入境后实施违法犯罪而被采取强制措施的以外，其人身自由不受限制。

证人、鉴定人在条约规定的期限内或者被通知无需继续停留后十五日内没有离境的，前款规定不再适用，但是由于不可抗力或者其他特殊原因未能离境的除外。

第三百八十七条 公安机关可以使用电子签名、电子指纹捺印技术制作电子笔录等材料，可以使用电子印章制作法律文书。对案件当事人进行电子签名、电子指纹捺印的过程，公安机关应当同步录音录像。

第三百八十八条 本规定自 2013 年 1 月 1 日起施行。1998 年 5 月 14 日发布的《公安机关办理刑事案件程序规定》（公安部令第 35 号）和 2007 年 10 月 25 日发布的《公安机关办理刑事案件程序规定修正案》（公安部令第 95 号）同时废止。

公安机关办理行政案件程序规定

（2012 年 12 月 19 日公安部令第 125 号修订发布　根据 2014 年 6 月 29 日公安部令第 132 号《公安部关于修改部分部门规章的决定》第一次修正　根据 2018 年 11 月 25 日公安部令第 149 号《公安部关于修改〈公安机关办理行政案件程序规定〉的决定》第二次修正　根据 2020 年 8 月 6 日公安部令第 160 号《公安部关于废止和修改部分规章的决定》第三次修正）

第二条　本规定所称行政案件，是指公安机关依照法律、法规和规章的规定对违法行为人决定行政处罚以及强制隔离戒毒等处理措施的案件。

本规定所称公安机关，是指县级以上公安机关、公安派出所、依法具有独立执法主体资格的公安机关业务部门以及出入境边防检查站。

第十七条　公安机关负责人、办案人民警察有下列情形之一的，应当自行提出回避申请，案件当事人及其法定代理人有权要求他们回避：

（一）是本案的当事人或者当事人近亲属的；

（二）本人或者其近亲属与本案有利害关系的；

（三）与本案当事人有其他关系，可能影响案件公正处理的。

第二十三条　在行政案件调查过程中，鉴定人和翻译人员需要回避的，适用本章的规定。

鉴定人、翻译人员的回避，由指派或者聘请的公安机关决定。

第二十五条　被决定回避的公安机关负责人、办案人民警察、鉴定人和翻译人员，在回避决定作出前所进行的与案件有关的活动是否有效，由作出回避决定的公安机关根据是否影响案件依法公正处理等情况决定。

第二十六条　可以用于证明案件事实的材料，都是证据。公安机关办理行政案件的证据包括：

（一）物证；

（二）书证；

（三）被侵害人陈述和其他证人证言；

（四）违法嫌疑人的陈述和申辩；

（五）鉴定意见；

（六）勘验、检查、辨认笔录，现场笔录；

（七）视听资料、电子数据。

证据必须经过查证属实，才能作为定案的根据。

第二十七条　公安机关必须依照法定程序，收集能够证实违法嫌疑人是否违法、违法情节轻重的证据。

严禁刑讯逼供和以威胁、欺骗等非法方法收集证据。采用刑讯逼供等非法方法收集的违法嫌疑人的陈述和申辩以及采用暴力、威胁等非法方法收集的被侵害人陈述、其他证人证言，不能作为定案的根据。收集物证、书证不符合法定程序，可能严重影响执法公正的，应当予以补正或者作出合理解释；不能补正或者作出合理解释的，不能作为定案的根据。

　　第二十九条　收集调取的物证应当是原物。在原物不便搬运、不易保存或者依法应当由有关部门保管、处理或者依法应当返还时，可以拍摄或者制作足以反映原物外形或者内容的照片、录像。

　　物证的照片、录像，经与原物核实无误或者经鉴定证明为真实的，可以作为证据使用。

　　第三十条　收集、调取的书证应当是原件。在取得原件确有困难时，可以使用副本或者复制件。

　　书证的副本、复制件，经与原件核实无误或者经鉴定证明为真实的，可以作为证据使用。书证有更改或者更改迹象不能作出合理解释的，或者书证的副本、复制件不能反映书证原件及其内容的，不能作为证据使用。

　　第三十一条　物证的照片、录像，书证的副本、复制件，视听资料的复制件，应当附有关制作过程及原件、原物存放处的文字说明，并由制作人和物品持有人或者持有单位有关人员签名。

　　第三十二条　收集电子数据，能够扣押电子数据原始存储介质的，应当扣押。

　　无法扣押原始存储介质的，可以提取电子数据。提取电子数据，应当制作笔录，并附电子数据清单，由办案人民警察、电子数据持有人签名。持有人无法或者拒绝签名的，应当在笔录中注明。

　　由于客观原因无法或者不宜依照前两款规定收集电子数据

的，可以采取打印、拍照或者录像等方式固定相关证据，并附有关原因、过程等情况的文字说明，由办案人民警察、电子数据持有人签名。持有人无法或者拒绝签名的，应当注明情况。

第三十三条　刑事案件转为行政案件办理的，刑事案件办理过程中收集的证据材料，可以作为行政案件的证据使用。

第三十四条　凡知道案件情况的人，都有作证的义务。

生理上、精神上有缺陷或者年幼，不能辨别是非、不能正确表达的人，不能作为证人。

第五十二条　公安机关进行询问、辨认、检查、勘验，实施行政强制措施等调查取证工作时，人民警察不得少于二人，并表明执法身份。

接报案、受案登记、接受证据、信息采集、调解、送达文书等工作，可以由一名人民警察带领警务辅助人员进行，但应当全程录音录像。

第八十一条　对于违法行为案发现场，必要时应当进行勘验，提取与案件有关的证据材料，判断案件性质，确定调查方向和范围。

现场勘验参照刑事案件现场勘验的有关规定执行。

第八十三条　对违法嫌疑人，可以依法提取或者采集肖像、指纹等人体生物识别信息；涉嫌酒后驾驶机动车、吸毒、从事恐怖活动等违法行为的，可以依照《中华人民共和国道路交通安全法》《中华人民共和国禁毒法》《中华人民共和国反恐怖主义法》等规定提取或者采集血液、尿液、毛发、脱落细胞等生物样本。人身安全检查和当场检查时已经提取、采集的信息，不再提取、采集。

第八十四条　对违法嫌疑人进行检查时，应当尊重被检查人的人格尊严，不得以有损人格尊严的方式进行检查。

检查妇女的身体，应当由女性工作人员进行。

依法对卖淫、嫖娼人员进行性病检查，应当由医生进行。

第八十六条 检查情况应当制作检查笔录。检查笔录由检查人员、被检查人或者见证人签名；被检查人不在场或者拒绝签名的，办案人民警察应当在检查笔录中注明。

检查时的全程录音录像可以替代书面检查笔录，但应当对视听资料的关键内容和相应时间段等作文字说明。

第八十七条 为了查明案情，需要对专门性技术问题进行鉴定的，应当指派或者聘请具有专门知识的人员进行。

需要聘请本公安机关以外的人进行鉴定的，应当经公安机关办案部门负责人批准后，制作鉴定聘请书。

第八十八条 公安机关应当为鉴定提供必要的条件，及时送交有关检材和比对样本等原始材料，介绍与鉴定有关的情况，并且明确提出要求鉴定解决的问题。

办案人民警察应当做好检材的保管和送检工作，并注明检材送检环节的责任人，确保检材在流转环节中的同一性和不被污染。

禁止强迫或者暗示鉴定人作出某种鉴定意见。

第八十九条 对人身伤害的鉴定由法医进行。

卫生行政主管部门许可的医疗机构具有执业资格的医生出具的诊断证明，可以作为公安机关认定人身伤害程度的依据，但具有本规定第九十条规定情形的除外。

对精神病的鉴定，由有精神病鉴定资格的鉴定机构进行。

第九十条 人身伤害案件具有下列情形之一的，公安机关应当进行伤情鉴定：

（一）受伤程度较重，可能构成轻伤以上伤害程度的；

（二）被侵害人要求作伤情鉴定的；

（三）违法嫌疑人、被侵害人对伤害程度有争议的。

第九十一条 对需要进行伤情鉴定的案件，被侵害人拒绝提供诊断证明或者拒绝进行伤情鉴定的，公安机关应当将有关情况记录在案，并可以根据已认定的事实作出处理决定。

经公安机关通知，被侵害人无正当理由未在公安机关确定的时间内作伤情鉴定的，视为拒绝鉴定。

第九十二条 对电子数据涉及的专门性问题难以确定的，由司法鉴定机构出具鉴定意见，或者由公安部指定的机构出具报告。

第九十三条 涉案物品价值不明或者难以确定的，公安机关应当委托价格鉴证机构估价。

根据当事人提供的购买发票等票据能够认定价值的涉案物品，或者价值明显不够刑事立案标准的涉案物品，公安机关可以不进行价格鉴证。

第九十四条 对涉嫌吸毒的人员，应当进行吸毒检测，被检测人员应当配合；对拒绝接受检测的，经县级以上公安机关或者其派出机构负责人批准，可以强制检测。采集女性被检测人检测样本，应当由女性工作人员进行。

对涉嫌服用国家管制的精神药品、麻醉药品驾驶机动车的人员，可以对其进行体内国家管制的精神药品、麻醉药品含量检验。

第九十五条 对有酒后驾驶机动车嫌疑的人，应当对其进行呼气酒精测试，对具有下列情形之一的，应当立即提取血样，检验血液酒精含量：

（一）当事人对呼气酒精测试结果有异议的；

（二）当事人拒绝配合呼气酒精测试的；

（三）涉嫌醉酒驾驶机动车的；

（四）涉嫌饮酒后驾驶机动车发生交通事故的。

当事人对呼气酒精测试结果无异议的，应当签字确认。事后提出异议的，不予采纳。

第九十六条 鉴定人鉴定后，应当出具鉴定意见。鉴定意见应当载明委托人、委托鉴定的事项、提交鉴定的相关材料、鉴定的时间、依据和结论性意见等内容，并由鉴定人签名或者盖章。通过分析得出鉴定意见的，应当有分析过程的说明。鉴定意见应当附有鉴定机构和鉴定人的资质证明或者其他证明文件。

鉴定人对鉴定意见负责，不受任何机关、团体、企业、事业单位和个人的干涉。多人参加鉴定，对鉴定意见有不同意见的，应当注明。

鉴定人故意作虚假鉴定的，应当承担法律责任。

第九十七条 办案人民警察应当对鉴定意见进行审查。

对经审查作为证据使用的鉴定意见，公安机关应当在收到鉴定意见之日起五日内将鉴定意见复印件送达违法嫌疑人和被侵害人。

医疗机构出具的诊断证明作为公安机关认定人身伤害程度的依据的，应当将诊断证明结论书面告知违法嫌疑人和被侵害人。

违法嫌疑人或者被侵害人对鉴定意见有异议的，可以在收到鉴定意见复印件之日起三日内提出重新鉴定的申请，经县级以上公安机关批准后，进行重新鉴定。同一行政案件的同一事项重新鉴定以一次为限。

当事人是否申请重新鉴定，不影响案件的正常办理。

公安机关认为必要时，也可以直接决定重新鉴定。

第九十八条 具有下列情形之一的，应当进行重新鉴定：

（一）鉴定程序违法或者违反相关专业技术要求，可能影响鉴定意见正确性的；

（二）鉴定机构、鉴定人不具备鉴定资质和条件的；

（三）鉴定意见明显依据不足的；

（四）鉴定人故意作虚假鉴定的；

（五）鉴定人应当回避而没有回避的；

（六）检材虚假或者被损坏的；

（七）其他应当重新鉴定的。

不符合前款规定情形的，经县级以上公安机关负责人批准，作出不准予重新鉴定的决定，并在作出决定之日起的三日以内书面通知申请人。

第九十九条 重新鉴定，公安机关应当另行指派或者聘请鉴定人。

第一百条 鉴定费用由公安机关承担，但当事人自行鉴定的除外。

第一百零九条 收集证据时，经公安机关办案部门负责人批准，可以采取抽样取证的方法。

抽样取证应当采取随机的方式，抽取样品的数量以能够认定本品的品质特征为限。

抽样取证时，应当对抽样取证的现场、被抽样物品及被抽取的样品进行拍照或者对抽样过程进行录像。

对抽取的样品应当及时进行检验。经检验，能够作为证据使用的，应当依法扣押、先行登记保存或者登记；不属于证据的，应当及时返还样品。样品有减损的，应当予以补偿。

第一百一十二条 扣押、扣留、查封期限为三十日，情况复杂的，经县级以上公安机关负责人批准，可以延长三十日；法律、行政法规另有规定的除外。延长扣押、扣留、查封期限的，应当及时书面告知当事人，并说明理由。

对物品需要进行鉴定的，鉴定期间不计入扣押、扣留、查封期间，但应当将鉴定的期间书面告知当事人。

第一百二十九条 听证参加人包括：

（一）当事人及其代理人；

（二）本案办案人民警察；

（三）证人、鉴定人、翻译人员；

（四）其他有关人员。

第二百六十三条 省级公安机关应当建立并不断完善统一的执法办案信息系统。

办案部门应当按照有关规定将行政案件的受理、调查取证、采取强制措施、处理等情况以及相关文书材料录入执法办案信息系统，并进行网上审核审批。

公安机关可以使用电子签名、电子指纹捺印技术制作电子笔录等材料，可以使用电子印章制作法律文书。对案件当事人进行电子签名、电子指纹捺印的过程，公安机关应当同步录音录像。

最高人民法院、最高人民检察院、公安部、国家安全部、司法部关于办理死刑案件审查判断证据若干问题的规定

（2010 年 6 月 13 日公布　法发〔2010〕20 号）

为依法、公正、准确、慎重地办理死刑案件，惩罚犯罪，保障人权，根据《中华人民共和国刑事诉讼法》等有关法律规定，结合司法实际，制定本规定。

第六条　对物证、书证应当着重审查以下内容：

（一）物证、书证是否为原物、原件，物证的照片、录像或者复制品及书证的副本、复制件与原物、原件是否相符；物证、书证是否经过辨认、鉴定；物证的照片、录像或者复制品和书证的副本、复制件是否由二人以上制作，有无制作人关于制作过程及原件、原物存放于何处的文字说明及签名。

（二）物证、书证的收集程序、方式是否符合法律及有关规定；经勘验、检查、搜查提取、扣押的物证、书证，是否附有相关笔录或者清单；笔录或者清单是否有侦查人员、物品持有人、见证人签名，没有物品持有人签名的，是否注明原因；对物品的特征、数量、质量、名称等注明是否清楚。

（三）物证、书证在收集、保管及鉴定过程中是否受到破坏或者改变。

（四）物证、书证与案件事实有无关联。对现场遗留与犯罪有关的具备检验鉴定条件的血迹、指纹、毛发、体液等生物物证、痕迹、物品，是否通过 DNA 鉴定、指纹鉴定等鉴定方式与被告人或者被害人的相应生物检材、生物特征、物品等作同一认定。

（五）与案件事实有关联的物证、书证是否全面收集。

第七条 对在勘验、检查、搜查中发现与案件事实可能有关联的血迹、指纹、足迹、字迹、毛发、体液、人体组织等痕迹和物品应当提取而没有提取，应当检验而没有检验，导致案件事实存疑的，人民法院应当向人民检察院说明情况，人民检察院依法可以补充收集、调取证据，作出合理的说明或者退回侦查机关补充侦查，调取有关证据。

第八条 据以定案的物证应当是原物。只有在原物不便搬运、不易保存或者依法应当由有关部门保管、处理或者依法应当返还时，才可以拍摄或者制作足以反映原物外形或者内容的照片、录像或者复制品。物证的照片、录像或者复制品，经与原物核实无误或者经鉴定证明为真实的，或者以其他方式确能证明其真实的，可以作为定案的根据。原物的照片、录像或者复制品，不能反映原物的外形和特征的，不能作为定案的根据。

据以定案的书证应当是原件。只有在取得原件确有困难时，才可以使用副本或者复制件。书证的副本、复制件，经与原件核实无误或者经鉴定证明为真实的，或者以其他方式确能证明其真实的，可以作为定案的根据。书证有更改或者更改迹象不能作出合理解释的，书证的副本、复制件不能反映书证原件及其内容的，不能作为定案的根据。

第十条　具备辨认条件的物证、书证应当交由当事人或者证人进行辨认，必要时应当进行鉴定。

第二十三条　对鉴定意见应当着重审查以下内容：

（一）鉴定人是否存在应当回避而未回避的情形。

（二）鉴定机构和鉴定人是否具有合法的资质。

（三）鉴定程序是否符合法律及有关规定。

（四）检材的来源、取得、保管、送检是否符合法律及有关规定，与相关提取笔录、扣押物品清单等记载的内容是否相符，检材是否充足、可靠。

（五）鉴定的程序、方法、分析过程是否符合本专业的检验鉴定规程和技术方法要求。

（六）鉴定意见的形式要件是否完备，是否注明提起鉴定的事由、鉴定委托人、鉴定机构、鉴定要求、鉴定过程、检验方法、鉴定文书的日期等相关内容，是否由鉴定机构加盖鉴定专用章并由鉴定人签名盖章。

（七）鉴定意见是否明确。

（八）鉴定意见与案件待证事实有无关联。

（九）鉴定意见与其他证据之间是否有矛盾，鉴定意见与检验笔录及相关照片是否有矛盾。

（十）鉴定意见是否依法及时告知相关人员，当事人对鉴定意见是否有异议。

第二十四条　鉴定意见具有下列情形之一的，不能作为定案的根据：

（一）鉴定机构不具备法定的资格和条件，或者鉴定事项超出本鉴定机构项目范围或者鉴定能力的；

（二）鉴定人不具备法定的资格和条件、鉴定人不具有相关专业技术或者职称、鉴定人违反回避规定的；

（三）鉴定程序、方法有错误的；

（四）鉴定意见与证明对象没有关联的；

（五）鉴定对象与送检材料、样本不一致的；

（六）送检材料、样本来源不明或者确实被污染且不具备鉴定条件的；

（七）违反有关鉴定特定标准的；

（八）鉴定文书缺少签名、盖章的；

（九）其他违反有关规定的情形。

对鉴定意见有疑问的，人民法院应当依法通知鉴定人出庭作证或者由其出具相关说明，也可以依法补充鉴定或者重新鉴定。

第二十五条 对勘验、检查笔录应当着重审查以下内容：

（一）勘验、检查是否依法进行，笔录的制作是否符合法律及有关规定的要求，勘验、检查人员和见证人是否签名或者盖章等。

（二）勘验、检查笔录的内容是否全面、详细、准确、规范：是否准确记录了提起勘验、检查的事由，勘验、检查的时间、地点，在场人员、现场方位、周围环境等情况；是否准确记载了现场、物品、人身、尸体等的位置、特征等详细情况以及勘验、检查、搜查的过程；文字记载与实物或者绘图、录像、照片是否相符；固定证据的形式、方法是否科学、规范；现场、物品、痕迹等是否被破坏或者伪造，是否是原始现场；人身特征、伤害情况、生理状况有无伪装或者变化等。

（三）补充进行勘验、检查的，前后勘验、检查的情况是否有矛盾，是否说明了再次勘验、检查的原由。

（四）勘验、检查笔录中记载的情况与被告人供述、被害人陈述、鉴定意见等其他证据能否印证，有无矛盾。

第二十七条　对视听资料应当着重审查以下内容：

（一）视听资料的来源是否合法，制作过程中当事人有无受到威胁、引诱等违反法律及有关规定的情形；

（二）是否载明制作人或者持有人的身份，制作的时间、地点和条件以及制作方法；

（三）是否为原件，有无复制及复制份数；调取的视听资料是复制件的，是否附有无法调取原件的原因、制作过程和原件存放地点的说明，是否有制作人和原视听资料持有人签名或者盖章；

（四）内容和制作过程是否真实，有无经过剪辑、增加、删改、编辑等伪造、变造情形；

（五）内容与案件事实有无关联性。

对视听资料有疑问的，应当进行鉴定。

对视听资料，应当结合案件其他证据，审查其真实性和关联性。

第二十八条　具有下列情形之一的视听资料，不能作为定案的根据：

（一）视听资料经审查或者鉴定无法确定真伪的；

（二）对视听资料的制作和取得的时间、地点、方式等有异议，不能作出合理解释或者提供必要证明的。

第二十九条　对于电子邮件、电子数据交换、网上聊天记录、网络博客、手机短信、电子签名、域名等电子证据，应当主要审查以下内容：

（一）该电子证据存储磁盘、存储光盘等可移动存储介质是否与打印件一并提交；

（二）是否载明该电子证据形成的时间、地点、对象、制作人、制作过程及设备情况等；

（三）制作、储存、传递、获得、收集、出示等程序和环节是否合法，取证人、制作人、持有人、见证人等是否签名或者盖章；

（四）内容是否真实，有无剪裁、拼凑、篡改、添加等伪造、变造情形；

（五）该电子证据与案件事实有无关联性。

对电子证据有疑问的，应当进行鉴定。

对电子证据，应当结合案件其他证据，审查其真实性和关联性。

第四十条 审查被告人实施犯罪时是否已满十八周岁，一般应当以户籍证明为依据；对户籍证明有异议，并有经查证属实的出生证明文件、无利害关系人的证言等证据证明被告人不满十八周岁的，应认定被告人不满十八周岁；没有户籍证明以及出生证明文件的，应当根据人口普查登记、无利害关系人的证言等证据综合进行判断，必要时，可以进行骨龄鉴定，并将结果作为判断被告人年龄的参考。

未排除证据之间的矛盾，无充分证据证明被告人实施被指控的犯罪时已满十八周岁且确实无法查明的，不能认定其已满十八周岁。

第四十一条 本规定自二〇一〇年七月一日起施行。

中华人民共和国民事诉讼法

（1991 年 4 月 9 日第七届全国人民代表大会第四次会议通过　根据 2007 年 10 月 28 日第十届全国人民代表大会常务委员会第三十次会议《关于修改〈中华人民共和国民事诉讼法〉的决定》第一次修正　根据 2012 年 8 月 31 日第十一届全国人民代表大会常务委员会第二十八次会议《关于修改〈中华人民共和国民事诉讼法〉的决定》第二次修正　根据 2017 年 6 月 27 日第十二届全国人民代表大会常务委员会第二十八次会议《关于修改〈中华人民共和国民事诉讼法〉和〈中华人民共和国行政诉讼法〉的决定》第三次修正）

第四十四条　审判人员有下列情形之一的，应当自行回避，当事人有权用口头或者书面方式申请他们回避：

（一）是本案当事人或者当事人、诉讼代理人近亲属的；

（二）与本案有利害关系的；

（三）与本案当事人、诉讼代理人有其他关系，可能影响对案件公正审理的。

审判人员接受当事人、诉讼代理人请客送礼，或者违反规定会见当事人、诉讼代理人的，当事人有权要求他们回避。

　　审判人员有前款规定的行为的，应当依法追究法律责任。

　　前三款规定，适用于书记员、翻译人员、鉴定人、勘验人。

　　第六十三条　证据包括：

　　（一）当事人的陈述；

　　（二）书证；

　　（三）物证；

　　（四）视听资料；

　　（五）电子数据；

　　（六）证人证言；

　　（七）鉴定意见；

　　（八）勘验笔录。

　　证据必须查证属实，才能作为认定事实的根据。

　　第七十六条　当事人可以就查明事实的专门性问题向人民法院申请鉴定。当事人申请鉴定的，由双方当事人协商确定具备资格的鉴定人；协商不成的，由人民法院指定。

　　当事人未申请鉴定，人民法院对专门性问题认为需要鉴定的，应当委托具备资格的鉴定人进行鉴定。

　　第七十七条　鉴定人有权了解进行鉴定所需要的案件材料，必要时可以询问当事人、证人。

　　鉴定人应当提出书面鉴定意见，在鉴定书上签名或者盖章。

　　第七十八条　当事人对鉴定意见有异议或者人民法院认为鉴定人有必要出庭的，鉴定人应当出庭作证。经人民法院通知，鉴定人拒不出庭作证的，鉴定意见不得作为认定事实的根据；支付鉴定费用的当事人可以要求返还鉴定费用。

第七十九条　当事人可以申请人民法院通知有专门知识的人出庭，就鉴定人作出的鉴定意见或者专业问题提出意见。

第一百一十一条　诉讼参与人或者其他人有下列行为之一的，人民法院可以根据情节轻重予以罚款、拘留；构成犯罪的，依法追究刑事责任：

（一）伪造、毁灭重要证据，妨碍人民法院审理案件的；

（二）以暴力、威胁、贿买方法阻止证人作证或者指使、贿买、胁迫他人作伪证的；

（三）隐藏、转移、变卖、毁损已被查封、扣押的财产，或者已被清点并责令其保管的财产，转移已被冻结的财产的；

（四）对司法工作人员、诉讼参加人、证人、翻译人员、鉴定人、勘验人、协助执行的人，进行侮辱、诽谤、诬陷、殴打或者打击报复的；

（五）以暴力、威胁或者其他方法阻碍司法工作人员执行职务的；

（六）拒不履行人民法院已经发生法律效力的判决、裁定的。

人民法院对有前款规定的行为之一的单位，可以对其主要负责人或者直接责任人员予以罚款、拘留；构成犯罪的，依法追究刑事责任。

第一百三十八条　法庭调查按照下列顺序进行：

（一）当事人陈述；

（二）告知证人的权利义务，证人作证，宣读未到庭的证人证言；

（三）出示书证、物证、视听资料和电子数据；

（四）宣读鉴定意见；

（五）宣读勘验笔录。

第一百三十九条 当事人在法庭上可以提出新的证据。

当事人经法庭许可，可以向证人、鉴定人、勘验人发问。

当事人要求重新进行调查、鉴定或者勘验的，是否准许，由人民法院决定。

第一百四十六条 有下列情形之一的，可以延期开庭审理：

（一）必须到庭的当事人和其他诉讼参与人有正当理由没有到庭的；

（二）当事人临时提出回避申请的；

（三）需要通知新的证人到庭，调取新的证据，重新鉴定、勘验，或者需要补充调查的；

（四）其他应当延期的情形。

第一百八十七条 申请认定公民无民事行为能力或者限制民事行为能力，由其近亲属或者其他利害关系人向该公民住所地基层人民法院提出。

申请书应当写明该公民无民事行为能力或者限制民事行为能力的事实和根据。

第一百八十八条 人民法院受理申请后，必要时应当对被请求认定为无民事行为能力或者限制民事行为能力的公民进行鉴定。申请人已提供鉴定意见的，应当对鉴定意见进行审查。

最高人民法院关于民事诉讼证据的若干规定

（2001 年 12 月 6 日最高人民法院审判委员会第 1201 次会议通过　根据 2019 年 10 月 14 日最高人民法院审判委员会第 1777 次会议《关于修改〈关于民事诉讼证据的若干规定〉的决定》修正）

第十四条　电子数据包括下列信息、电子文件：

（一）网页、博客、微博客等网络平台发布的信息；

（二）手机短信、电子邮件、即时通信、通讯群组等网络应用服务的通信信息；

（三）用户注册信息、身份认证信息、电子交易记录、通信记录、登录日志等信息；

（四）文档、图片、音频、视频、数字证书、计算机程序等电子文件；

（五）其他以数字化形式存储、处理、传输的能够证明案件事实的信息。

第十五条　当事人以视听资料作为证据的，应当提供存储该视听资料的原始载体。

当事人以电子数据作为证据的，应当提供原件。电子数据的制作者制作的与原件一致的副本，或者直接来源于电子数据的打印件或其他可以显示、识别的输出介质，视为电子数据的原件。

第二十三条 人民法院调查收集视听资料、电子数据，应当要求被调查人提供原始载体。

提供原始载体确有困难的，可以提供复制件。提供复制件的，人民法院应当在调查笔录中说明其来源和制作经过。

人民法院对视听资料、电子数据采取证据保全措施的，适用前款规定。

第二十四条 人民法院调查收集可能需要鉴定的证据，应当遵守相关技术规范，确保证据不被污染。

第二十七条 人民法院进行证据保全，可以要求当事人或者诉讼代理人到场。

根据当事人的申请和具体情况，人民法院可以采取查封、扣押、录音、录像、复制、鉴定、勘验等方法进行证据保全，并制作笔录。

在符合证据保全目的的情况下，人民法院应当选择对证据持有人利益影响最小的保全措施。

第三十条 人民法院在审理案件过程中认为待证事实需要通过鉴定意见证明的，应当向当事人释明，并指定提出鉴定申请的期间。

符合《最高人民法院关于适用〈中华人民共和国民事诉讼法〉的解释》第九十六条第一款规定情形的，人民法院应当依职权委托鉴定。

第三十一条 当事人申请鉴定，应当在人民法院指定期间内提出，并预交鉴定费用。逾期不提出申请或者不预交鉴定费用的，视为放弃申请。

对需要鉴定的待证事实负有举证责任的当事人，在人民法院指定期间内无正当理由不提出鉴定申请或者不预交鉴定费用，或者拒不提供相关材料，致使待证事实无法查明的，应当承担举证不能的法律后果。

第三十二条　人民法院准许鉴定申请的，应当组织双方当事人协商确定具备相应资格的鉴定人。当事人协商不成的，由人民法院指定。

人民法院依职权委托鉴定的，可以在询问当事人的意见后，指定具备相应资格的鉴定人。

人民法院在确定鉴定人后应当出具委托书，委托书中应当载明鉴定事项、鉴定范围、鉴定目的和鉴定期限。

第三十三条　鉴定开始之前，人民法院应当要求鉴定人签署承诺书。承诺书中应当载明鉴定人保证客观、公正、诚实地进行鉴定，保证出庭作证，如作虚假鉴定应当承担法律责任等内容。

鉴定人故意作虚假鉴定的，人民法院应当责令其退还鉴定费用，并根据情节，依照民事诉讼法第一百一十一条的规定进行处罚。

第三十四条　人民法院应当组织当事人对鉴定材料进行质证。未经质证的材料，不得作为鉴定的根据。

经人民法院准许，鉴定人可以调取证据、勘验物证和现场、询问当事人或者证人。

第三十五条　鉴定人应当在人民法院确定的期限内完成鉴定，并提交鉴定书。

鉴定人无正当理由未按期提交鉴定书的，当事人可以申请人民法院另行委托鉴定人进行鉴定。人民法院准许的，原鉴定人已经收取的鉴定费用应当退还；拒不退还的，依照本规定第八十一条第二款的规定处理。

第三十六条 人民法院对鉴定人出具的鉴定书，应当审查是否具有下列内容：

（一）委托法院的名称；

（二）委托鉴定的内容、要求；

（三）鉴定材料；

（四）鉴定所依据的原理、方法；

（五）对鉴定过程的说明；

（六）鉴定意见；

（七）承诺书。

鉴定书应当由鉴定人签名或者盖章，并附鉴定人的相应资格证明。委托机构鉴定的，鉴定书应当由鉴定机构盖章，并由从事鉴定的人员签名。

第三十七条 人民法院收到鉴定书后，应当及时将副本送交当事人。

当事人对鉴定书的内容有异议的，应当在人民法院指定期间内以书面方式提出。

对于当事人的异议，人民法院应当要求鉴定人作出解释、说明或者补充。人民法院认为有必要的，可以要求鉴定人对当事人未提出异议的内容进行解释、说明或者补充。

第三十八条 当事人在收到鉴定人的书面答复后仍有异议的，人民法院应当根据《诉讼费用交纳办法》第十一条的规定，通知有异议的当事人预交鉴定人出庭费用，并通知鉴定人出庭。有异议的当事人不预交鉴定人出庭费用的，视为放弃异议。

双方当事人对鉴定意见均有异议的，分摊预交鉴定人出庭费用。

第三十九条　鉴定人出庭费用按照证人出庭作证费用的标准计算，由败诉的当事人负担。因鉴定意见不明确或者有瑕疵需要鉴定人出庭的，出庭费用由其自行负担。

人民法院委托鉴定时已经确定鉴定人出庭费用包含在鉴定费用中的，不再通知当事人预交。

第四十条　当事人申请重新鉴定，存在下列情形之一的，人民法院应当准许：

（一）鉴定人不具备相应资格的；

（二）鉴定程序严重违法的；

（三）鉴定意见明显依据不足的；

（四）鉴定意见不能作为证据使用的其他情形。

存在前款第一项至第三项情形的，鉴定人已经收取的鉴定费用应当退还。拒不退还的，依照本规定第八十一条第二款的规定处理。

对鉴定意见的瑕疵，可以通过补正、补充鉴定或者补充质证、重新质证等方法解决的，人民法院不予准许重新鉴定的申请。

重新鉴定的，原鉴定意见不得作为认定案件事实的根据。

第四十一条　对于一方当事人就专门性问题自行委托有关机构或者人员出具的意见，另一方当事人有证据或者理由足以反驳并申请鉴定的，人民法院应予准许。

第四十二条　鉴定意见被采信后，鉴定人无正当理由撤销鉴定意见的，人民法院应当责令其退还鉴定费用，并可以根据情节，依照民事诉讼法第一百一十一条的规定对鉴定人进行处罚。当事人主张鉴定人负担由此增加的合理费用的，人民法院应予支持。

人民法院采信鉴定意见后准许鉴定人撤销的，应当责令其退还鉴定费用。

第七十九条　鉴定人依照民事诉讼法第七十八条的规定出庭作证的，人民法院应当在开庭审理三日前将出庭的时间、地点及要求通知鉴定人。

委托机构鉴定的，应当由从事鉴定的人员代表机构出庭。

第八十条　鉴定人应当就鉴定事项如实答复当事人的异议和审判人员的询问。当庭答复确有困难的，经人民法院准许，可以在庭审结束后书面答复。

人民法院应当及时将书面答复送交当事人，并听取当事人的意见。必要时，可以再次组织质证。

第八十一条　鉴定人拒不出庭作证的，鉴定意见不得作为认定案件事实的根据。人民法院应当建议有关主管部门或者组织对拒不出庭作证的鉴定人予以处罚。

当事人要求退还鉴定费用的，人民法院应当在三日内作出裁定，责令鉴定人退还；拒不退还的，由人民法院依法执行。

当事人因鉴定人拒不出庭作证申请重新鉴定的，人民法院应当准许。

第八十二条　经法庭许可，当事人可以询问鉴定人、勘验人。

询问鉴定人、勘验人不得使用威胁、侮辱等不适当的言语和方式。

第八十三条　当事人依照民事诉讼法第七十九条和《最

高人民法院关于适用〈中华人民共和国民事诉讼法〉的解释》第一百二十二条的规定，申请有专门知识的人出庭的，申请书中应当载明有专门知识的人的基本情况和申请的目的。

人民法院准许当事人申请的，应当通知双方当事人。

第八十四条　审判人员可以对有专门知识的人进行询问。经法庭准许，当事人可以对有专门知识的人进行询问，当事人各自申请的有专门知识的人可以就案件中的有关问题进行对质。

有专门知识的人不得参与对鉴定意见质证或者就专业问题发表意见之外的法庭审理活动。

第九十三条　人民法院对于电子数据的真实性，应当结合下列因素综合判断：

（一）电子数据的生成、存储、传输所依赖的计算机系统的硬件、软件环境是否完整、可靠；

（一）电子数据的生成、存储、传输所依赖的计算机系统的硬件、软件环境是否处于正常运行状态，或者不处于正常运行状态时对电子数据的生成、存储、传输是否有影响；

（三）电子数据的生成、存储、传输所依赖的计算机系统的硬件、软件环境是否具备有效的防止出错的监测、核查手段；

（四）电子数据是否被完整地保存、传输、提取，保存、传输、提取的方法是否可靠；

（五）电子数据是否在正常的往来活动中形成和存储；

（六）保存、传输、提取电子数据的主体是否适当；

（七）影响电子数据完整性和可靠性的其他因素。

人民法院认为有必要的，可以通过鉴定或者勘验等方法，审查判断电子数据的真实性。

第九十八条 对证人、鉴定人、勘验人的合法权益依法予以保护。

当事人或者其他诉讼参与人伪造、毁灭证据，提供虚假证据，阻止证人作证，指使、贿买、胁迫他人作伪证，或者对证人、鉴定人、勘验人打击报复的，依照民事诉讼法第一百一十条、第一百一十一条的规定进行处罚。

第九十九条 本规定对证据保全没有规定的，参照适用法律、司法解释关于财产保全的规定。

除法律、司法解释另有规定外，对当事人、鉴定人、有专门知识的人的询问参照适用本规定中关于询问证人的规定；关于书证的规定适用于视听资料、电子数据；存储在电子计算机等电子介质中的视听资料，适用电子数据的规定。

第一百条 本规定自 2020 年 5 月 1 日起施行。

本规定公布施行后，最高人民法院以前发布的司法解释与本规定不一致的，不再适用。

中华人民共和国行政诉讼法

（1989 年 4 月 4 日第七届全国人民代表大会第二次会议通过　根据 2014 年 11 月 1 日第十二届全国人民代表大会常务委员会第十一次会议《关于修改〈中华人民共和国行政诉讼法〉的决定》第一次修正　根据 2017 年 6 月 27 日第十二届全国人民代表大会常务委员会第二十八次会议《关于修改〈中华人民共和国民事诉讼法〉和〈中华人民共和国行政诉讼法〉的决定》第二次修正)

第三十三条　证据包括：

（一）书证；

（二）物证；

（三）视听资料；

（四）电子数据

（五）证人证言；

（六）当事人的陈述；

（七）鉴定意见；

（八）勘验笔录、现场笔录。

以上证据经法庭审查属实，才能作为认定案件事实的根据。

第五十五条　当事人认为审判人员与本案有利害关系或者有其他关系可能影响公正审判，有权申请审判人员回避。

审判人员认为自己与本案有利害关系或者有其他关系，应当申请回避。

前两款规定，适用于书记员、翻译人员、鉴定人、勘验人。

院长担任审判长时的回避，由审判委员会决定；审判人员的回避，由院长决定；其他人员的回避，由审判长决定。当事人对决定不服的，可以申请复议一次。